CB141093

A Proteção à Maternidade das Atletas

Filipe Orsolini Pinto de Souza

Doutorando em Direito Desportivo pela Pontifícia Universidade Católica de São Paulo — PUCSP. Mestre em Direito Desportivo pela Pontifícia Universidade Católica de São Paulo — PUCSP (2023). LL.M. em Direito Desportivo Internacional pelo *Instituto Superior de Derecho y Economia — ISDE* (Espanha) (2012). Pós-Graduado em Direito Desportivo pela Escola Superior de Advocacia da OAB/SP (2010). Pós-Graduado em Direito Empresarial pela FGV (2008). Graduado em Direito pelas Faculdades de Campinas — FACAMP (2006). Participante do Programa de Negociação da *Harvard Law School Executive Education* (2017). Membro do Conselho Deliberativo do Instituto Brasileiro de Direito Desportivo — IBDD. Membro da *Association Internationale des Avocats du Football — AIAF*. Membro da Comissão de Direito Desportivo da OAB Subsecção Campinas/SP (2022/2024). Membro da Comissão de Direito Desportivo da OAB Seção São Paulo (2022/2024). Membro do Comitê Brasileiro de Arbitragem — CBar. Colunista do Portal Lei em Campo. Advogado. Professor. Sócio da Brocchi e Souza Sociedade de Advogados.

A Proteção à Maternidade das Atletas

LACIER

LACIER
Lacier Livraria e Editora
www.livrarialacier.com.br

© Todos os direitos reservados

Rua Doutor Quirino, 808 – Centro
CEP 13015-081 – Campinas, SP – Brasil

Abril, 2024

Diretor: *Lacier José de Rezende*
Coordenação editorial: *Peter Fritz Strotbek*
Projeto de capa: *Daniel Bordi Rodrigues*
Projeto gráfico e editoração eletrônica: *The Best Page*

Ficha Catalográfica

Dados Internacionais de Catalogação na Publicação (CIP)
(Câmara Brasileira do Livro, SP, Brasil)

S729p Souza, Filipe Orsolini Pinto de.
A proteção à maternidade das atletas / Filipe Orsolini Pinto de Souza.
— 1. ed. — Campinas, SP : Lacier Editora, 2024.
158 p. ; 17 x 24 cm.

ISBN 978-65-88805-93-0

1. Mulheres — Emprego — Legislação — Brasil. 2. Assistência à maternidade — Legislação — Brasil. 3. Licença-maternidade — Legislação — Brasil. 4. Esporte — Mulheres. I. Título.

CDU 342.7-055.2

Índices para catálogo sistemático:
Maternidade das atletas — Direito
Angela Schmidt da Rosa – Bibliotecária – CRB-14/1171

Este livro se baseia na Dissertação apresentada à Banca Examinadora do Programa de Pós-Graduação em Direito da Pontifícia Universidade Católica de São Paulo como requisito para a obtenção do título de Mestre em Direito Desportivo, sob orientação do Professor Doutor Paulo Sérgio Feuz.

Aos meus pais, Mônica e Benê,
ao meu irmão Henrique,
à minha esposa Giselle
e às minhas filhas Júlia e Luísa.

Agradecimentos

Disse Guimarães Rosa que "viver é um rasgar-se e remendar-se". Parece-me uma boa frase para descrever a vida. Meu amigo Artur Nunes Bandiera Sálvio, com simplicidade e riqueza, sempre dizia que "ninguém ganha nada sozinho". De fato, no "rasgar-se e remendar-se" da vida, sempre há alguém ao nosso lado e, conforme o tempo passa, tem tanta gente importante, que o necessário exercício do agradecimento não é uma missão das mais simples, embora não possamos fugir dela.

Em primeiro lugar, devemos, sempre, agradecer a Deus, fonte do amor e da vida em abundância.

Ao meu pai, Benedito José Pinto de Souza, que me contou tudo sobre o Direito e, sem dúvida, me influenciou a escolher a carreira. À minha mãe, Mônica Maria Orsolini, que disse que eu deveria escolher algo de que gostasse e, feita a escolha, trabalhar e estudar para entregar o meu melhor. Ao meu irmão, Henrique Orsolini Pinto de Souza, referência de estudo e responsabilidade.

Agradeço à Giselle Teixeira de Oliveira, que aceitou sair do Rio de Janeiro e depois de São Paulo para se tornar "Giselle Teixeira de Oliveira de Souza" e construir a nossa família. Eu não sei como agradecer o que Júlia e Luísa representam para mim, talvez porque não consiga descrever o significado de ser seu pai.

Obrigado ao meu time de Brocchi e Souza Sociedade de Advogados, que me ensina a cada dia, inclusive sobre Direito, e que tanto me ajudou nas ausências exigidas pelo Mestrado.

Agradeço ao basquetebol, que tanto me proporcionou, de lições de vida a amizades eternas, o que faço na pessoa de Leandro de Melo Benelli, um grande craque das quadras que trilhou uma brilhante vida acadêmica e me estimulou bastante no caminho do Mestrado.

Obrigado ao Professor Doutor Paulo Sérgio Feuz, verdadeira fonte de inspiração, que concebeu e criou o Programa de Mestrado em Direito Desportivo da Pontifícia Universidade Católica de São Paulo, concedendo-me a honra de ser o seu aluno e orientando, mas não apenas isso — as suas lições ressignificaram o Direito na minha vida e deram novos rumos à minha carreira. Não bastasse, ainda me deu a honra de redigir afetuoso prefácio desta obra.

Agradeço à Doutora Ana Paula Pellegrina Lockmann, uma referência de magistrada e jurista, com quem reiteradamente aprendo sobre as mulheres no esporte, por ser tão gentil ao aceitar o convite para apresentar esta obra e trazer à memória antecedentes históricos de uma luta que atravessa gerações.

Por derradeiro, e não menos importante, a todos os meus colegas de Mestrado que se tornaram meus amigos, dos cafés que antecediam às aulas para dividir as agruras da vida acadêmica aos debates que tanto estimularam a seguir adiante.

Muito obrigado.

Sumário

Lista de Abreviaturas e Siglas

AC .... Câmara de Agentes (*Agents Chamber*)

ADCT .... Atos das Disposições Constitucionais Transitórias

CAS .... Corte Arbitral do Esporte (*Court of Arbitration for Sport*)

CBF .... Confederação Brasileira de Futebol

CEV .... *Confédération Européenne de Volleyball* (Confederação Europeia de Voleibol)

CF .... Constituição Federal

CLT .... Consolidação das Leis do Trabalho

CND .... Conselho Nacional de Desportos

COI .... Comitê Olímpico Internacional

CONMEBOL .. Confederação Sul-Americana de Futebol (*Confederación Sudamericana de Fútbol*)

DRC .... Câmara de Resolução de Disputas da FIFA (FIFA *Dispute Resolution Chamber*)

DUDH .... Declaração Universal dos Direitos Humanos

ECHR .... Convenção Europeia de Direitos Humanos (*European Court of Human Rights*)

FIFA .... Federação Internacional de Futebol (*Fédération Internationale de Football Association*)

FIVB .... Federação Internacional de Voleibol (*Fédération Internationale de Volleyball*)

ILO .... Organização Internacional do Trabalho (*International Labour Organization*)

INSS .... Instituto Nacional do Seguro Social

PSC .... Câmara de *Status* dos Jogadores (*Players' Status Chamber*)

RFEF................. Real Federação Espanhola de Futebol (*Real Federación Española de Fútbol*)

RNRTAF .... Regulamento Nacional de Registro e Transferência de Atletas de Futebol

RSTP .... Regulamento de *Status* e Transferência de Jogadores da FIFA (FIFA *Regulations on the Status and Transfer of Players*)

UEFA................ União das Associações de Futebol Europeias (*Union of European Football Associations*)

UN .... *United Nations* (Organização das Nações Unidas)

UNESCO.......... Organização das Nações Unidas para a Educação, Ciência e Cultura (*United Nations Educational, Scientific and Cultural Organization*)

UNFP................ União Nacional dos Futebolistas Profissionais (*Union Nationale des Footballeurs Professionnels*)

"Aqueles que passam por nós não vão sós.
Deixam um pouco de si, levam um pouco de nós."

Antoine de Saint-Exupéry

Apresentação

Com sentimento de alegria recebi o convite do jovem advogado, professor e jurista Filipe Orsolini Pinto de Souza para apresentar a sua obra: *A Proteção à Maternidade das Atletas.*

O livro é fruto da vasta experiência do autor na área do Direito Desportivo e traz inovadoras reflexões a respeito da maternidade em relação às atletas, em cotejo com a Nova Lei Geral do Esporte (Lei n. 14.597, de 14 de junho de 2023), tema ainda pouco abordado na doutrina, o que, por si só, demonstra a atualidade e a importância do conteúdo desta obra.

O tema se entrelaça com a histórica luta das mulheres por valorização e inclusão social, e da questão das desigualdades e preconceitos, o que se evidencia ainda mais na seara esportiva.

Vale relembrar um dos fatos marcantes desta batalha e da história mundial no que tange à busca pela igualdade de gênero. No dia 8 de março de 1857, na cidade de Nova Iorque/EUA, operárias de uma fábrica de tecidos fizeram uma grande greve, ocupando o estabelecimento e reivindicando condições dignas de trabalho, tais como redução da jornada de trabalho de 16 para 10 horas diárias e equivalência de salários com os homens. O movimento paredista foi brutalmente reprimido. Os "patrões" ordenaram trancar as mulheres dentro da fábrica, onde um incêndio resultou na morte de aproximadamente 130 trabalhadoras. Na ocasião da Conferência realizada na Dinamarca, no ano de 1910, foi declarada a data de 8 de março como sendo o *Dia Internacional da Mulher*, em homenagem àquelas operárias, data esta que foi oficializada pela ONU, em 1975.

O movimento feminista, ocorrido entre as décadas de 1960 e 1970, também é um marco importante nesta luta por igualdade de direitos e contra a discriminação de gênero, no qual resultou em avanços significativos quanto ao direito da mulher ao voto, à liberdade sexual, ao divórcio, à isonomia de oportunidades na educação e no trabalho.

No Brasil, a partir da Revolução de 1930, o ingresso da mulher em atividades fora do ambiente doméstico começa a sedimentar-se, mas muito timidamente. E assim foram décadas.

Igualmente como ocorreu nos demais segmentos da sociedade, a história do esporte demonstra como foi penoso o processo de inserção das mulheres neste mercado de trabalho.

Com efeito, nos Jogos Olímpicos da Antiguidade, as mulheres eram proibidas de assistir à competição e de participar em qualquer modalidade.

No Brasil, entre 1941 e 1979, as mulheres eram proibidas, por força de lei, a praticar esportes que exigiam força, pois eram considerados “masculinizados”.

Vários anos se passaram e as mulheres vêm, gradativamente, conquistando o seu espaço e rompendo a barreira do preconceito.

Nas últimas décadas, percebe-se que a participação feminina no esporte vem crescendo, não só com um número maior de atletas de alto rendimento, mas também como técnicas, árbitras, jornalistas do ramo esportivo etc.

A corroborar esta constatação, pegamos como exemplo os dados de participação de atletas femininas brasileiras nos Jogos Olímpicos, divulgados pelo Comitê Olímpico Brasileiro (COB).

Nos Jogos ocorridos no ano de 1992, em Barcelona, do total de 197 atletas brasileiros, 51 eram mulheres (25,89%). E esse número ao longo das sucessivas edições foi crescendo, sendo que para os Jogos de Paris de 2024, o Comitê Olímpico Internacional (COI) estabeleceu a igualdade de gênero na distribuição das vagas nas competições, de modo que, pela primeira vez na história, haverá 50% de participação feminina e outros 50% masculina.

Ao longo das últimas décadas, as mulheres têm conquistado mais espaço e visibilidade em diversas modalidades esportivas, demonstrando talento, determinação e excelência em suas performances, rompendo os véus do preconceito outrora dominante.

A questão da maternidade em relação às atletas é assunto da mais alta relevância, a qual envolve aspectos sociais e emocionais. Ainda existe uma forte barreira do preconceito neste aspecto, além de muitas dúvidas e inseguranças no sentido de como conciliar a carreira de atleta profissional com o projeto de ser mãe.

Apesar da Constituição Federal e da CLT garantirem direitos à trabalhadora gestante, percebe-se que muitas atletas de alto rendimento acabam adiando a maternidade com receio de serem dispensadas ou de perderem espaço na carreira.

Em um passado não tão distante, já foram constatadas cláusulas de proibição à gravidez em contratos de trabalho desportivos, sob pena de rescisão contratual, e até pagamento de multa, em flagrante afronta à dignidade da mulher atleta.

A Nova Lei Geral do Esporte trouxe inovações neste particular, constando dispositivos voltados à garantia e proteção da maternidade. E é justamente nesse contexto que desponta a presente obra.

Vários pontos são minuciosamente abordados, com análise de todo arcabouço constitucional e legal, bem como de normas internacionais, a respeito da proteção à maternidade, especialmente da mulher atleta, inclusive com análise dos regulamentos de organizações esportivas internacionais do futebol e do voleibol, e das decisões emblemáticas proferidas pelos seus correspondentes órgãos de resolução de disputas.

Parabenizo o ilustre autor pela escolha do tema e pela generosidade em compartilhar seus preciosos conhecimentos sobre assunto da maior envergadura, com a riqueza de detalhes e excelência didática, e recomendo a valiosa obra, a qual certamente será de grande importância à comunidade jurídica.

Desejo uma ótima leitura!

Ana Paula Pellegrina Lockmann
Mestre em Direito do Trabalho pela USP.
Desembargadora do Tribunal Regional do Trabalho da 15ª Região.

Prefácio

O autor Filipe Orsolini Pinto de Souza foi um brinde extra que o Programa de Pós-Graduação em Direito Desportivo da Pontifícia Universidade Católica de São Paulo me ofereceu.

Com certeza um dos alunos mais aplicados e interessados do Programa, desde a primeira aula até seu último compromisso, seus olhos brilhavam e com isso contagiava este humilde professor e seus companheiros de jornada.

Fiquei muito honrado em prefaciar a obra, resultado da pesquisa científica em sua dissertação e convertido neste livro, que demonstra o desafio para o sistema esportivo em especial para tentar garantir direitos sociais para os Atletas no Esporte.

As atletas mulheres com o passar dos anos vieram conquistando seu espaço e importância e temas como direito à maternidade ganham peso e destaque.

A maternidade para nossa sociedade é um manto sagrado que na maioria das vezes representa a continuidade familiar e o nascimento de uma nova vida que merece atenção especial e para tanto foi garantido como Direito à Maternidade preservando a vida, saúde e segurança da criança e os direitos da mulher em ser mãe.

A Atleta Profissional do esporte tem o Direito à Maternidade e aos reflexos jurídicos e econômicos que todas as mulheres trabalhadoras possuem de acordo com a Constituição Federal de 1988.

O autor conseguiu demonstrar com a maestria e simplicidade estes pontos polêmicos harmonizando os detalhes do esporte com os direitos e reflexos da maternidade.

A obra nos mostra a densidade do Direito Desportivo que deve ser estudado como ciência autônoma e com diversos impactos na vida comum, nas políticas públicas, na gestão estatal e nas Decisões do Poder Judiciário, da Justiça Desportiva e de Tribunais Arbitrais.

Concluindo, a obra em destaque propiciará aos leitores um debate sobre este importante tema e com certeza provocará a todos uma VONTADE DE LER E ESTUDAR O DIREITO DESPORTIVO!!!

Paulo Sérgio Feuz
Professor. Doutor em Direito. Coordenador do Núcleo de Direito Desportivo da PUC/SP. Titular da Cadeira 29 da Academia Nacional de Direito Desportivo — ANDD. Auditor do STJD do Futebol da CBF. Diretor da ENAJD — Escola Nacional da Justiça Desportiva do STJD do Futebol.

Introdução

Por ser o esporte um fenômeno global, a atuação na área do Direito Desportivo permite ao advogado o contato com diferentes culturas, o que reflete na forma pela qual são celebrados os negócios jurídicos, desde as negociações de transferências de atletas até a celebração dos respectivos contratos. Cada povo carrega consigo o seu jeito de atuar no mercado.

Não obstante seja o esporte um ambiente idiossincrático no contexto do multiculturalismo, alguns desafios parecem se repetir em todos os cantos do mundo, independentemente da peculiaridade daquele povo ou região.

A existência de obstáculos à inserção das mulheres no esporte ou, ao menos, à sua possibilidade de praticar um esporte, parece ser um desafio que se repete nas mais diversas culturas. Como o esporte é uma manifestação social, naturalmente que enfrenta desafios semelhantes aos que estão colocados para toda a sociedade, dentre os quais a inserção plena e efetiva das mulheres em todas as atividades desenvolvidas pelos seres humanos. Não poderia ser diferente.

Os Jogos Olímpicos da era moderna tiveram a sua primeira edição em Atenas, na Grécia, no longínquo ano de 1896, mas somente na edição de Paris, em 2024, ou seja, 128 anos depois, haverá aproximadamente o mesmo número de atletas homens e mulheres lutando por medalhas. Até Paris, em 2024, os homens sempre foram maioria nos Jogos Olímpicos.

As frases atribuídas ao Barão de Coubertin, considerado o criador dos Jogos Olímpicos da era moderna, nas quais dizia que a participação das mulheres no movimento olímpico eram tidas como indesejadas e impróprias, ajudam a compreender os fundamentos históricos dos desafios por elas enfrentados, que trazem consequências até os dias de hoje. Embora o mundo ocidental, especialmente, tenha evoluído bastante no que diz respeito à inserção plena e efetiva das mulheres na sociedade, o tratamento que lhes foi outrora dispensado ainda impõe óbices ao exercício da cidadania.

Ao participar de transferências e contratações de atletas no Brasil e no exterior, tive acesso a contratos que causaram surpresa e indignação pela existência de cláusulas claras, objetivas e expressas no sentido de que o clube empregador poderia rescindir imediata e automaticamente o vínculo com a jogadora no caso de ser confirmada a sua gravidez. Em alguns casos mais extremos, a atleta haveria de ressarcir o clube em valor correspondente aos salários que tinham sido pagos até a data da rescisão decorrente da confirmação da gravidez. Não é possível acreditar, sem indignação, que algo tão natural da mulher e que é condição da existência da nossa sociedade possa ser alvo de tamanha discriminação.

Antes mesmo de conhecer o teor dos referidos contratos, não havia dúvida de que a gravidez e a maternidade eram objeto de discriminação e constituíam óbices às mulheres em relação ao mercado de trabalho, e não somente ao esporte, mas a inclusão expressa de cláusula contratual com o referido conteúdo realmente chamou atenção.

O contexto em que tive acesso às mencionadas cláusulas era anterior ao momento em que a discussão sobre igualdade de gênero entrou na pauta de discussões nacionais e internacionais, como elemento da dignidade da pessoa humana, entretanto os anos passam, e as indigitadas disposições contratuais permanecem.

Ao buscar informações históricas sobre as condições jurídicas das atletas no Brasil, para além do contexto da proteção à maternidade, verifica-se, no primeiro diploma legal esportivo geral conhecido, o Decreto-lei n. 3.199, de 14 de abril de 1941, a existência do art. 54, pelo qual *"(à)s mulheres não se permitirá a prática de desportos incompatíveis com as condições de sua natureza, devendo, para este efeito, o Conselho Nacional de Desportos baixar as necessárias instruções às entidades desportivas do país"*. Mais adiante, no âmbito das diretrizes conferidas pelo Decreto-lei n. 3.199/1941, houve a publicação da Deliberação 7, de 2 de agosto de 1965, pelo Conselho Nacional de Desportos (CND), que proibia, expressamente, que as mulheres praticassem lutas de qualquer natureza, futebol, futebol de salão, futebol de praia, polo aquático, polo, *rugby*, halterofilismo e *baseball*.

Nos anos 1980, a redemocratização e a promulgação da Constituição Federal de 1988 trouxeram um novo contexto também ao esporte e suas regras, superando as restrições trazidas pelo Decreto-lei n. 3.199/1941. A mudança do marco legal do esporte e, especificamente, a retirada das restrições impostas às atletas constituíram um passo fundamental para o início de novos tempos, mas o advento de uma nova lei não é suficiente para superar uma cultura sedimentada na sociedade.

Diante de tantos desafios para promover uma mudança cultural a viabilizar a prática esportiva pelas mulheres, de maneira plena e efetiva, fazem-se necessárias a criação e a implantação de políticas públicas, o aperfeiçoamento constante da legislação e o fortalecimento de uma jurisprudência que ofereça bases sólidas aos objetivos propostos. Em outras palavras, é preciso tratar do assunto de todas as formas.

Por todas essas circunstâncias, desde os antecedentes históricos, o endereçamento atual do tema e a indignação causada pelas cláusulas contratuais que puniam a gravidez, verifica-se a oportunidade de explorar o tema na vertente da proteção à maternidade, com o desiderato de contribuir com os debates sobre o assunto, especialmente o entendimento dos direitos das atletas nesse momento tão importante de suas vidas e, ao mesmo tempo, delicado para as suas carreiras. A existência de trabalhos científicos sobre temas que podem, de alguma forma, contribuir com as atletas no contexto da gravidez e da maternidade é uma forma de enfrentar a discriminação e promover a dignidade da pessoa humana por meio do fenômeno do esporte.

Em meio a todas essas inquietações em torno da proteção à maternidade, foi sancionada a Lei n. 14.597, de 14 de junho de 2023, que institui a Lei Geral do Esporte, com dispositivos relacionados ao tema, contribuindo com a delimitação do assunto desta dissertação, a saber, a proteção à maternidade das atletas, dividida em três capítulos, utilizando-se do método de pesquisa bibliográfica.

O primeiro capítulo trata dos aspectos constitucionais da proteção à maternidade e do desporto. O estudo do tema no contexto da legislação esportiva brasileira exige a análise do texto constitucional, especialmente pelo fato de que trata, de maneira expressa, da proteção à maternidade, enquanto direito social. A compreensão do posicionamento constitucional da proteção à maternidade recebe relevante contribuição da Declaração Universal dos Direitos Humanos (DUDH) e das Convenções da OIT, as quais serão abordadas no texto. Na sequência, ainda neste capítulo, será tratado o conceito dos direitos sociais, inclusive a condição do esporte enquanto direito social e atividade econômica, dentro da abrangência dos direitos humanos fundamentais, que se prestam a promover a dignidade da pessoa humana.

No segundo capítulo, após o estabelecimento das bases constitucionais, serão estudadas as normas gerais da proteção à maternidade e como se relacionam com as regras especiais do esporte, invocando-se o método do diálogo das fontes. Depois de analisados os direitos e deveres relacionados à proteção à maternidade na Consolidação das Leis do Trabalho (CLT), chega-se à Lei Geral do Esporte, para o estudo dos dispositivos que foram nela inseridos em atenção às especificidades do esporte.

Finalmente, no terceiro capítulo, como consequência do fato de que o esporte é um fenômeno global e que os desafios relativos à proteção à maternidade das atletas se repetem nas mais diferentes culturas, serão apresentados exemplos de como as organizações esportivas internacionais, como a *Fédération Internationale de Football Association* (FIFA) e a *Fédération Internationale de Volleyball* (FIVB), tratam do tema em seus regulamentos e pelos seus órgãos de resolução de disputas.

Todo o caminho de construção desta dissertação que se propõe, pretende apresentar as regras vigentes da proteção à maternidade conferida às atletas e, ao mesmo tempo, verificar se são suficientes à efetivação desse direito, considerando-se a sua condição dentro do ordenamento jurídico.

Capítulo 1

Aspectos Constitucionais da Proteção à Maternidade e do Desporto

Para o estudo da proteção à maternidade das atletas, parece adequado que se compreenda, antes de tudo, a natureza desse direito dentro do ordenamento jurídico brasileiro, a partir da Constituição Federal de 1988.

Naturalmente, a Constituição Federal de 1988 é a base do ordenamento jurídico brasileiro, com menção expressa ao instituto jurídico da proteção à maternidade, entretanto existem outros aspectos constitucionais que merecem atenção para o balizamento do trabalho.

Como a proposta desta dissertação é discorrer sobre a proteção à maternidade das atletas, o esporte, por si, afigura-se como elemento relevante, especialmente na sua condição de atividade econômica. Pela leitura da Constituição Federal de 1988, verifica-se que dedicou dispositivos ao desporto e à atividade econômica e, portanto, os referidos temas merecem espaço neste capítulo.

O fato de um determinado direito estar inserido na Constituição Federal ou na legislação infraconstitucional, ou estar presente em ambos, como é o caso da proteção à maternidade, pode ser indicativo do valor que lhe é atribuído pelo Estado, como resultado do fenômeno social, o que influencia, evidentemente, a atividade do intérprete e do aplicador do Direito.

Em alguns casos, o estudo de um determinado direito pode se iniciar por um artigo do texto constitucional ou por um dispositivo de uma lei ordinária, mas pode convidar à compreensão de um movimento internacional consagrado em tratados e convenções.

Para a análise da inserção da proteção à maternidade no ordenamento jurídico brasileiro, especificamente na Constituição Federal de 1988, é oportuno retornar ao texto da DUDH, de 10 de dezembro de 1948, erigida sobre o pilar da dignidade da pessoa humana, enquanto consenso ético do período pós-guerra, que já se manifestava expressamente sobre o tema:

> **Art. 25**
>
> 1. Todo ser humano tem direito a um padrão de vida capaz de assegurar a si e à sua família saúde, bem-estar, inclusive alimentação, vestuário, habitação, cuidados médicos e os serviços sociais indispensáveis e direito à segurança em caso de desemprego, doença, invalidez, viuvez, velhice ou outros casos de perda dos meios de subsistência em circunstâncias fora de seu controle.
>
> 2. A maternidade e a infância têm direito a cuidados e assistência especiais. Todas as crianças, nascidas dentro ou fora do matrimônio, gozarão da mesma proteção social.

Em relação à DUDH, "*sob o ponto de vista material, o diploma vem sendo utilizado como importante elemento de interpretação dos tratados e convenções internacionais e como fonte de inspiração para a aprovação e interpretação das normas internas dos Estados*" (Malheiro, 2016, p. 154), o que ratifica a importância de se partir do seu conteúdo para a construção da análise da proteção à maternidade no texto constitucional e na legislação infraconstitucional brasileira.

A indiscutível relevância e abrangência da DUDH a convida a inaugurar este capítulo, entretanto, antes mesmo de sua promulgação, a Organização Internacional do Trabalho (OIT), fundada em 1919, já se manifestava sobre a proteção do trabalho da mulher, inclusive no contexto da gestação e da maternidade.

A atual Constituição da OIT, vigente desde 20 de abril de 1948, teve a sua aprovação na 29ª reunião da Conferência Internacional do Trabalho, realizada em Montreal, no Canadá, em 1946, tendo como anexo a Declaração referente aos fins e objetivos da Organização, aprovada na 26ª reunião da Conferência, realizada na Filadélfia, nos Estados Unidos da América, em 1944. O Brasil ratificou a Constituição da OIT pelo Decreto de Promulgação 25.696, de 20 de outubro de 1948.

Desde a sua promulgação, a Constituição da OIT recebeu diversas emendas, algumas ainda pendentes de ratificação pelos Estados-Membros, entretanto permanece a premissa estabelecida por ocasião de sua elaboração no sentido de que é urgente melhorar as condições de trabalho em relação à proteção das mulheres, reforçando-se a necessidade de que o órgão auxilie as nações do mundo na execução de programas que visem a "*garantir proteção da infância e da maternidade*".

Mesmo antes das diretrizes fixadas pela sua Constituição vigente, a OIT já conferia ao tema da proteção à maternidade a relevância que merece. No ano de 1919, quando fora fundada, a OIT adotou a Convenção n. 3, relativa ao emprego das mulheres antes e depois do parto (proteção à maternidade).

Pelo texto da Convenção, ratificada pelo Brasil em 26 de abril de 1934 e denunciada em 26 de julho de 1961, as mulheres não estariam autorizadas a trabalhar durante o período de seis semanas após o parto, poderiam se ausentar do trabalho às vésperas do parto, provavelmente em torno de seis semanas, desde que mediante apresentação de atestado médico, receberiam indenização durante o período das referidas ausências, em valor que fosse suficiente para a sua manutenção e de seu filho, a ser estabelecida por cada país, podendo estar incluída em um sistema de seguros. Eventuais divergências nos prazos pré-parto e pós-parto em razão das recomendações do médico ou da parteira não afetariam os direitos das mulheres, que ainda teriam duas folgas de meia hora para amamentação do filho. Se a mulher tivesse alguma doença relacionada à gravidez ou ao parto, comprovada por atestado médico, que a afastasse por mais tempo do trabalho, de acordo com as regras de cada país, o empregador estaria impedido de notificar a sua dispensa.

Embora não se possa fazer uma relação imediata entre a Convenção n. 4, que versa sobre o trabalho noturno das mulheres, com o tema central deste estudo, os seus impactos são relevantes para a compreensão do sistema de proteção à maternidade. Basicamente, a referida convenção proibia o trabalho das mulheres no período definido como "noite", assim entendido como aquele iniciado às 22h e encerrado às 5h, salvo em casos de força maior ou em que o trabalho estivesse relacionado à matéria-prima perecível. Adotada pela OIT em 1919, a Convenção n. 4 foi ratificada pelo Brasil em 26 de abril de 1934 e denunciada pouco tempo depois, em 12 de maio de 1937.

Com restrições semelhantes, a Convenção n. 41, adotada pela OIT em 1934, proibia o trabalho das mulheres durante a noite em qualquer estabelecimento industrial, público ou privado, exceção feita para os casos em que o estabelecimento empregasse apenas membros de uma mesma família, bem como para as hipóteses de força maior e risco de perecimento da matéria-prima envolvida. Ratificada pelo Brasil em 8 de junho de 1936, a Convenção n. 41 foi denunciada em 24 de abril de 1957.

Da mesma forma, a Convenção n. 89, relativa ao trabalho noturno das mulheres na indústria, definia o que haveria de ser entendido como período da noite e proibia que as mulheres se ativassem naquele interregno.

Não obstante fosse nobre o desiderato de conceder especial proteção às mulheres, especialmente pela projeção da percepção social da época, as restrições impostas pela abordagem feita pelas Convenções ns. 4, 41 e 89 da OIT e seus impactos nas leis dos Estados-Membros causaram um efeito inverso, que trouxe um reforço normativo ao tratamento discriminatório: "*com o passar do tempo, verificou-se que a referida norma protecionista, ainda que com boas intenções, na realidade, acabou gerando um efeito, não desejado, discriminatório contra a mulher, no que se refere ao mercado de trabalho*" (Garcia, 2023, p. 818). Como efeito prático das referidas convenções, os empregadores evitavam a contratação de mulheres justamente para não ficarem sujeitos às restrições de trabalho que as acompanhavam.

A partir dessa percepção de que as convenções adotadas não estavam contribuindo com a igualdade material almejada ao tratar das mulheres, a OIT ajusta o rumo da sua produção de fontes normativas, buscando reprimir a discriminação, em uma abordagem mais abrangente, sem prejuízo de proteger a maternidade, como algo extremamente peculiar e único em relação à própria natureza das mulheres.

Como exemplo dessa transição do tratamento dispensado pela OIT, a Convenção n. 100, adotada em 1951, com ratificação pelo Brasil em 25 de abril de 1957, trata da igualdade de remuneração de homens e mulheres trabalhadores por trabalho de igual valor. O texto define o termo remuneração para que seja entendido como o salário, propriamente, além das demais vantagens concedidas, direta ou indiretamente, em espécie ou *in natura*, ao trabalhador, em razão do seu emprego, proibindo, expressamente, qualquer discriminação relacionada ao sexo.

Em sentido análogo, a Convenção n. 111, adotada pela OIT em 1958, tem como objeto a discriminação em matéria de emprego e ocupação, pela qual os Estados-Membros se comprometem a formular e aplicar políticas que tenham como objetivo a igualdade de oportunidades e de tratamento em matéria de emprego e profissão, eliminando, por consequência, toda e qualquer discriminação, assim entendida como toda distinção lastreada em raça, cor, sexo, religião, opinião política, origem nacional ou social. A mesma temática de não discriminação está contida na Convenção n. 156, adotada em 1981, relativa aos trabalhadores com responsabilidades familiares, ao dispor que há de existir igualdade de oportunidades e tratamento aos homens e mulheres.

No ano de 1952, a OIT adota a Convenção n. 103, relativa ao amparo à maternidade, aplicável a todas as mulheres empregadas em empresas industriais, não industriais e agrícolas, inclusive para os trabalhos em domicílio. Ratificada pelo Brasil em 18 de junho de 1965, a convenção define que todas as mulheres têm o direito a uma licença de maternidade, mediante apresentação de atestado médico com indicação da data provável do parto, sendo a sua duração mínima de doze semanas, com período obrigatório mínimo de seis semanas após o parto. Como a data provável do parto é apenas uma previsão, pois não se pode estipular com precisão, eventuais impactos do adiantamento ou adiamento não poderiam afetar os períodos mínimos da licença de maternidade, ensejando a sua prorrogação, se necessário. Durante os períodos de afastamento, as mulheres devem receber prestações em espécie e assistência médica, suficientes para assegurar a sua subsistência e de seu filho, com custeio público, seja pelo sistema de seguro obrigatório, seja por fundos públicos, não inferiores a dois terços dos proventos recebidos do empregador. O texto da convenção ainda garante às mulheres interrupções no trabalho para fins de amamentação, sem prejuízo da contagem de tempo e remuneração, com expressa proibição de despedida, observando-se as peculiaridades da legislação nacional. Pela Convenção n. 183, adotada pela OIT em 2000, a licença de maternidade mínima de doze semanas, originalmente prevista na Convenção n. 103, passou a ter o mínimo de catorze semanas.

Se outrora a OIT se ocupava de proibir o trabalho noturno para as mulheres, a partir da Convenção n. 171, adotada em 1990 e ratificada pelo Brasil em 18 de dezembro de 2002, a abordagem se modificou para somente conceder proteção especial às mulheres que trabalham no período noturno em caso de maternidade. De maneira abrangente e, até mesmo, subjetiva, o texto da Convenção n. 171 prevê que a proteção à maternidade para as mulheres que trabalham em período noturno poderia ser a recolocação para o período diurno, a concessão de benefícios da seguridade social ou a prorrogação da licença de maternidade.

Ainda no plano internacional e antes da promulgação da Constituição Federal de 1988, a Assembleia Geral das Nações Unidas adotou a Convenção sobre a Eliminação de Todas as Formas de Discriminação contra a Mulher, em 18 de dezembro de 1979, que foi assinada e ratificada pelo Brasil, com reservas, em 31 de março de 1981 e em 1º de fevereiro de 1984, respectivamente, entrando em vigor no ordenamento jurídico brasileiro em 2 de março de 1984. Pelo Decreto Legislativo n. 26, de 23 de junho de 1994, o Congresso Nacional ratificou o texto sem reservas.

Toda a contextualização preambular da Convenção sobre a Eliminação de Todas as Formas de Discriminação contra a Mulher fixa como premissas, entre outros, "*a fé nos direitos fundamentais do homem, na dignidade e no valor da pessoa e na igualdade de direitos do homem e da mulher*", reforça que "*a discriminação contra a mulher viola os princípios da igualdade de direitos e do respeito da dignidade humana, dificulta a participação da mulher nas mesmas condições que o homem na vida política, social, econômica e cultural do seu país*" e constata:

> Tendo presente a grande contribuição da mulher ao bem-estar da família e ao desenvolvimento da sociedade, até agora não plenamente

> reconhecida, a importância social da maternidade e a função dos pais na família e na educação dos filhos, e conscientes de que o papel da mulher na procriação não deve ser causa de discriminação, mas sim que a educação dos filhos exige a responsabilidade compartilhada entre homens e mulheres e a sociedade como um conjunto, (...).

Para compreender todo o extenso Preâmbulo da Convenção sobre a Eliminação de Todas as Formas de Discriminação contra a Mulher e, portanto, as suas origens e objetivos, invoca-se a seguinte síntese:

> A Convenção Internacional sobre a Eliminação de Todas as Formas de Discriminação contra a Mulher tem como principais objetivos erradicar qualquer forma de diferenciação, segregação, intolerância ou preconceito contra a mulher, assegurando a igualdade de direitos e oportunidades (Malheiro, 2016, p. 205).

Partindo dessas bases, a Convenção sobre a Eliminação de Todas as Formas de Discriminação contra a Mulher estabelece diretrizes específicas relacionadas à maternidade a serem observadas pelos Estados-Partes:

> **Art. 4º**
>
> (...)
>
> 2. A adoção pelos Estados-Partes de medidas especiais inclusive as contidas na presente Convenção, destinada a proteger a maternidade, não se considerará discriminatória.
>
> **Art. 5º**
>
> Os Estados-Partes tomarão todas as medidas apropriadas para:
>
> (...)
>
> b) garantir que a educação familiar inclua uma compreensão adequada da maternidade como função social e o reconhecimento da responsabilidade comum de homens e mulheres no que diz respeito à educação e ao desenvolvimento de seus filhos, entendendo-se que o interesse dos filhos constituirá a consideração primordial em todos os casos.
>
> (...)
>
> **Art. 11**
>
> (...)

> 2. A fim de impedir a discriminação contra a mulher por razões de casamento ou maternidade e assegurar a efetividade de seu direito a trabalhar, os Estados-Partes tomarão medidas adequadas para:
>
> a) Proibir, sob sanções, a demissão por motivo de gravidez ou licença de maternidade e a discriminação nas demissões motivadas pelo estado civil;
>
> b) Implantar a licença de maternidade, com salário pago ou benefícios sociais comparáveis, sem perda do emprego anterior, antiguidade ou benefícios sociais;
>
> c) Estimular o fornecimento de serviços sociais de apoio necessários para permitir que os pais combinem as obrigações para com a família com as responsabilidades do trabalho e a participação na vida pública, especialmente mediante o fomento da criação e desenvolvimento de uma rede de serviços destinado ao cuidado das crianças;
>
> d) Dar proteção especial às mulheres durante a gravidez nos tipos de trabalho comprovadamente prejudiciais para elas.

No cerne de um texto que visa à eliminação de todas as formas de discriminação contra a mulher se encontra o princípio da igualdade. Pretende-se, portanto, que as mulheres sejam respeitadas e que as suas peculiaridades não constituam óbices à sua plena integração na sociedade, em todas as suas vertentes, da família ao trabalho, tendo como vetor a dignidade da pessoa humana:

> Nessa ótica, determinados sujeitos de direito, ou determinadas violações de direitos, exigem uma resposta específica, diferenciada. Nesse sentido, as mulheres devem ser vistas nas especificidades e peculiaridades de sua condição social. Importa o respeito à diferença e à diversidade, o que lhes assegura um tratamento especial (Piovesan, 2011, p. 34).

No mesmo sentido, a Convenção sobre a Eliminação de Todas as Formas de Discriminação contra a Mulher deve ser analisada sob a perspectiva do princípio da igualdade:

> No cenário internacional, a Convenção sobre a Eliminação de Todas as Formas de Discriminação contra a Mulher da ONU exige que os Estados Partes não só consagrem o princípio da igualdade, como também adotem medidas e sanções que proíbam toda a discriminação contra a mulher, estabeleçam a proteção jurídica dos direitos da mulher, abstenham-se de recorrer em práticas discriminatórias e combatam a desigualdade de gênero perpetradas por qualquer pessoa, mesmo em ambientações privadas e empresariais (art. 2º) (Beltramelli Neto, 2021, p. 485).

Esse desiderato fica muito evidente quando se trata da maternidade, que é algo natural e intrínseco às mulheres, além de ser essencial à existência humana. No âmbito da maternidade, os Estados-Partes devem adotar uma postura ativa e prestacional no sentido de disponibilizar ferramentas que permitam que as mulheres exerçam todos os seus direitos e façam todas as suas vontades no que diz respeito à inserção e integração nas atividades humanas, incluindo a proteção e compatibilização do trabalho. O cunho prestacional não afasta uma abordagem defensiva daquilo que envolve a maternidade:

> O direito à proteção à maternidade e à infância também é de cunho prevalentemente prestacional, mas não está ausente uma possível faceta defensiva, no sentido de que a maternidade (mais amplamente: a parentalidade) pode ser exercida como liberdade e defendida de intromissões indevidas (Rothenburg, 2021, p. 380).

A proteção à maternidade está inserida, obviamente, no contexto da proteção do trabalho da mulher, enquanto um esforço internacional de promoção da sua inserção e da superação de qualquer forma de discriminação. A evolução da atividade normativa da ONU e da OIT permite observar, claramente, que as regras inicialmente adotadas em relação ao trabalho da mulher, embora revestidas de elogiável propósito, contribuíam para gerar mais distorções e discriminações. O importante, entretanto, é que o equívoco foi identificado e, os debates, direcionados para o estabelecimento de diretrizes da promoção da igualdade material, com especificidades voltadas basicamente à maternidade, enquanto algo inato às mulheres:

> No presente, as normas de proteção ao trabalho da mulher devem ficar restritas a promover o referido labor, pondo fim a qualquer desigualdade no plano social dos fatos, por meio de medidas que fomentem a contratação e melhoria das condições de trabalho, alcançando-se a igualdade material entre homens e mulheres. Nesse sentido, o fundamento da referida legislação passa a ser o princípio da igualdade material e da vedação à discriminação de gênero nas relações de trabalho.
>
> A proteção, em seu sentido mais tradicional, deve ficar restrita ao estado de gestante de maternidade da empregada, em que a mulher deve receber tratamento especial, condizente com esse relevante momento de sua vida.
>
> Em razão da importância, para toda a sociedade, de que a mulher tenha seu filho em condições favoráveis, bem como possa criá-lo da melhor

> forma, a legislação trabalhista e previdenciária deve estabelecer normas que assegurem os referidos objetivos. Com isso, atualmente, o fundamento das disposições de proteção, em sentido estrito, do trabalho da mulher, fica localizado no estado da gestante e de maternidade.
>
> No entanto, ao mesmo tempo em que a lei deve proteger a gestante e a empregada que é mãe, deve combater e evitar a discriminação contra o trabalho da mulher, por eventual atribuição relacionada à maternidade (Garcia, 2023, p. 821).

Defender que as mulheres não sejam discriminadas, especialmente no contexto da maternidade, significa promover a igualdade a partir das diferenças:

> O princípio da igualdade interdita tratamento desuniforme às pessoas. Sem embargo, consoante se observou, o próprio da lei, sua função precípua, reside exata e precisamente em dispensar tratamentos desiguais. Isto é, as normas legais nada mais fazem que discriminar situações, à moda que as pessoas compreendidas em umas ou em outras vêm a ser colhidas por regimes diferentes. Donde a algumas são deferidos determinados direitos e obrigações que não assistem a outras, por abrigadas em diversa categoria, regulada por diferente plexo de obrigações e direitos (Mello, 2002, p. 12-13).

A igualdade material almejada quando se trata da proteção do trabalho da mulher, especialmente no caso da maternidade, implica liberdade: *"a liberdade — entendida como possibilidade de definir o próprio destino — é o atributo essencial da condição humana, que nos une e iguala numa empreitada coletiva"* (Binenbojm, 2020, p. 14).

Em capítulo dedicado ao direito à igualdade, a doutrina afirma que não há que se falar em igualdade dissociada da liberdade, ratificando a sugerida ampliação das bases jurídicas da proteção à maternidade:

> Em outra visão, o princípio de igualdade, tido por base da democracia, pode ser considerado mais importante do que o da liberdade, porque a igualdade é o próprio homem. O certo, porém, é que os princípios da igualdade e de liberdade — emanações da dignidade da pessoa humana — são indissociáveis um do outro. O ser livre não goza da plenitude da sua liberdade se for tratado desigualmente, por seu turno, a igualdade se vê malferida quando seu destinatário sobre agravo em alguma das manifestações do direito de liberdade (Romita, 2009, p. 318).

A menção à DUDH, às Convenções da OIT e à Convenção sobre a Eliminação de Todas as Formas de Discriminação contra a Mulher se presta a demonstrar que existe uma consciência e uma normatização internacional sobre a proteção à maternidade, que influencia o ordenamento jurídico brasileiro a adotar regras condizentes, como faz a Constituição Federal de 1988, especificamente no art. 6º, *caput*, e no art. 7º, XVIII.

1.1. A Proteção à Maternidade na Constituição Federal de 1988

O estudo das diretrizes estabelecidas pela DUDH, pelas Convenções da OIT e pela Convenção sobre a Eliminação de Todas as Formas de Discriminação contra a Mulher permite conhecer os esforços empreendidos pelos organismos internacionais para proteger a maternidade, evitando, sobretudo, a discriminação.

Justamente por esse cotejo das premissas internacionalmente estabelecidas, é oportuno iniciar a análise da proteção à maternidade na Constituição Federal de 1988 pelo seu art. 3º, IV, que define como objetivo fundamental da República Federativa do Brasil, "*promover o bem de todos, sem preconceitos de origem, raça, sexo, cor, idade e quaisquer outras formas de discriminação*".

Se a República Federativa do Brasil tem como objetivo fundamental a não discriminação, sob qualquer forma, sendo expressamente mencionada a proibição ao preconceito relacionado ao sexo, é corolário que uma mulher, seja atleta ou não, não pode ser discriminada pelo fato de engravidar e ser mãe:

> O art. 3º da Constituição Federal arrola os assim chamados objetivos fundamentais da República Federativa do Brasil, cujo propósito é o de aparelhar ideologicamente o Texto Constitucional, revelando que todo o conjunto ordenamental que irá se levantar nos dispositivos subsequentes se prende à realização de alguns objetivos básicos, que nada mais realizam que a tradução de justiça social (Araújo; Nunes Júnior, 2021, p. 129).

Não obstante a relevância da menção aos objetivos fundamentais da República Federativa do Brasil para o posicionamento do instituto jurídico da proteção à maternidade no nosso ordenamento jurídico, ao se tratar do assunto sob a ótica jurídica em território brasileiro, é natural que se faça a associação direta com o artigo inaugural do Capítulo II da Constituição Federal, denominado "Dos Direitos

Sociais", que define, textual e literalmente, quais são os direitos sociais, embora seja consenso estarmos diante de um rol meramente exemplificativo:

> **Art. 6º** São direitos sociais a educação, a saúde, a alimentação, o trabalho, a moradia, o transporte, o lazer, a segurança, a previdência social, a proteção à maternidade e à infância, a assistência aos desamparados, na forma desta Constituição. *(Redação dada pela Emenda Constitucional 90, de 2015)*
>
> **Parágrafo único.** Todo brasileiro em situação de vulnerabilidade social terá direito a uma renda básica familiar, garantida pelo poder público em programa permanente de transferência de renda, cujas normas e requisitos de acesso serão determinados em lei, observada a legislação fiscal e orçamentária. *(Incluído pela Emenda Constitucional n. 114, de 2021)*

No mesmo Capítulo II da Constituição Federal, que trata dos direitos sociais, é oferecido um catálogo dos direitos sociais dos trabalhadores, que prossegue na disciplina da proteção à maternidade, com a seguinte previsão:

> **Art. 7º** São direitos dos trabalhadores urbanos e rurais, além de outros que visem à melhoria de sua condição social:
>
> (...)
>
> XVIII – licença à gestante, sem prejuízo do emprego e do salário, com a duração de cento e vinte dias;

Se o art. 6º, *caput*, e o art. 7º, XVIII, da Constituição Federal dispõem, expressamente, que a proteção à maternidade é um direito social, está fixada a premissa sobre a qual há de se construir todo o estudo desse direito.

Ao discorrer sobre o assunto, a doutrina ratifica a proposição, com a ressalva de que o constituinte não observou a melhor organização do texto ao tratar de direitos sociais e da ordem social:

> A Constituição de 1988 traz um capítulo próprio dos *direitos sociais* (capítulo II do título II) e, bem distanciado deste, um título especial sobre a *ordem social* (título VIII). Mas não ocorre uma separação radical, como se os direitos sociais não fossem algo ínsito na ordem social. O art. 6º mostra muito bem que aqueles são conteúdo desta, quando diz que são *direitos sociais a educação, a saúde, a alimentação, o trabalho, a moradia, o transporte, o lazer, a segurança, a previdência social, a proteção à maternidade e à infância, a assistência aos desamparados, na forma desta Constituição*. Esta *forma* é dada precisamente no título da ordem social.

> Cindindo-se a matéria, como se fez, o constituinte não atendeu aos melhores critérios metodológicos, mas dá ao jurista a possibilidade de extrair, daqui e de lá, aquilo que constitua o conteúdo dos direitos relativos a cada um daqueles objetos sociais, deles tratando aqui, deixando para tratar, na *ordem social*, de seus mecanismos e aspectos organizacionais (Silva, 2016, p. 287).

Embora o art. 6º da Constituição Federal seja reconhecido pela lista de direitos sociais, existem outros ao longo do texto constitucional, razão pela qual a ele se atribui um caráter genérico, especialmente ao considerarem que os direitos sociais estão incluídos naquilo que se compreende como direitos fundamentais:

> Nesse sentido, o art. 6º do Texto Constitucional, embora ainda de forma genérica, faz alusão expressa aos direitos sociais: a educação, a saúde, a alimentação, o trabalho, a moradia, o transporte, o lazer, a segurança, a previdência social, a proteção à maternidade e à infância, e a assistência aos desamparados.
>
> (...)
>
> A alusão é significativa porque, como se acudiu na parte introdutória do capítulo anterior, os direitos fundamentais, incluídos os sociais, não estão exaustivamente enumerados no Título II de nossa Magna Carta, existindo, portanto, direitos sociais dispersos ao longo de todo o seu texto. Exemplos destes podem ser encontrados em seu Título VIII, "Da Ordem Social" (Araújo; Nunes Júnior, 2021, p. 248-249).

Em relação ao rol de direitos sociais do art. 7º, XVIII, da Constituição Federal, são tratados como uma espécie destinada aos trabalhadores, ou direitos sociais do homem produtor:

> Há, porém, uma classificação dos direitos sociais do homem, *como produtor e como consumidor*, que merece uma referência ligeira, por ser útil à compreensão do leitor e, também, porque vamos intitular o capítulo referente aos direitos sociais previstos no art. 6º com base nela.
>
> Entram na categoria de direitos sociais do homem produtor os seguintes: a liberdade de instituição sindical (instrumento de ação coletiva),

> o direito de greve, o direito de o trabalhador determinar as condições de seu trabalho (contrato coletivo de trabalho), o direito de cooperar na gestão da empresa (cogestão ou autogestão) e o direito de obter um emprego. São os previstos nos arts. 7º e 11 (Silva, 2016, p. 289).

Em sua análise sobre os direitos sociais do art. 7º da Constituição Federal, os doutrinadores prosseguem para os qualificarem como integrantes de um rol exemplificativo dos direitos trabalhistas, destacando que outros direitos podem ampliar a lista, mas jamais reduzi-la:

> No mais, os direitos sociais são atribuídos, em igualdade, aos trabalhadores rurais e urbanos, sendo certo, no entanto, que o rol de direitos constante do art. 7º do Texto Constitucional não é exauriente dos direitos trabalhistas, pois o *caput* do dispositivo é literal ao consignar a existência daqueles, "além de outros que visem à melhoria de sua condição social". Logo, a normativização infraconstitucional pode ampliar esse rol de direitos, embora, de evidência, não tenha o condão de reduzi-los (Araújo; Nunes Júnior, 2021, p. 251).

Ao se constatar que a proteção à maternidade é um direito social incluído expressamente na Constituição Federal e que integra os direitos fundamentais, exige-se que se compreendam os conceitos dos referidos institutos jurídicos, bem como a dignidade da pessoa humana, para que se tenha a exata dimensão do tratamento que lhe há de ser dispensado pelo intérprete e pelo aplicador do direito.

1.2. Os Direitos Sociais

De todas as teorias que se dedicam a estudar os direitos sociais, extrai-se a sua condição de espécie dos direitos humanos fundamentais e, portanto, conclui-se que os direitos sociais são direitos humanos fundamentais. Antes, entretanto, de tratar dos direitos humanos fundamentais, faz-se necessário discorrer sobre os direitos sociais, até mesmo para comprovar a proposição e prosseguir na construção proposta.

Entre as mais difundidas abordagens doutrinárias está a Teoria das Gerações de Direitos Humanos, atribuída ao jurista francês Karel Vasak. A sua proposta tem "*função mais didática do que, propriamente, uma inquestionável fundamentação teórica*", lastreada no lema da Revolução Francesa, "*Liberdade, Igualdade e Fraternidade*" (Beltramelli Neto, 2021, p. 85).

Isso significa que o conteúdo de direitos humanos fundamentais de cada uma das três gerações tratadas na Teoria de Vasak seria associada aos ideais de liberdade, igualdade e fraternidade:

> Cada *geração foi associada*, na Conferência proferida por Vasak, a um dos componentes do *dístico da Revolução Francesa*: "*liberté, egalité et fraternité*" (liberdade, igualdade e fraternidade). Assim, a primeira geração seria composta por direitos referentes à "liberdade"; a segunda geração retrataria os direitos que apontam para a "igualdade"; finalmente, a terceira geração seria composta por direitos atinentes à solidariedade social ("fraternidade") (Ramos, 2022, p. 63).

A evolução da sociedade fez com que as três gerações de direitos humanos que compunham a Teoria de Vasak não fossem mais suficientes para abranger novas espécies identificadas no curso da existência. Inclusive, a própria utilização do vocábulo "gerações" é alvo de críticas, sendo sugerida a sua substituição pelo vocábulo "dimensões", com o objetivo de afastar qualquer mal-entendido sobre o catálogo de direitos humanos fundamentais, especificamente o fato de que uma nova geração não ocupa o espaço da anterior, mas se acumula com aquelas que lhe antecederam, ampliando o rol:

> Inicialmente, importante ressaltar que a denominação "geração" é tecnicamente imperfeita, pois pressupõe que o subsequente suplanta o anterior, eliminando-o do universo jurídico.
>
> Não é o que acontece com os direitos humanos, mesmo porque são eles interdependentes e se relacionam intrinsecamente para garantir a sua efetividade.
>
> Não é possível dividir os direitos humanos em gerações que se sucedem, porque eles buscam preservar a dignidade da pessoa humana que é, igualmente, incindível.
>
> Desse modo, a **expressão "dimensões de direitos humanos"**, que será utilizada a seguir, é **mais adequada** e revela a sua característica de essencialidade (Malheiro, 2016, p. 40).

Ao situar historicamente o surgimento dos direitos sociais e para reforçar que devem ser adicionados ao catálogo então existente, é importante relembrar que "*ao término da primeira Guerra Mundial — todos o sabem — novos direitos fundamentais foram reconhecidos. São os direitos econômicos e sociais que não excluem nem negam as liberdades públicas, mas a elas se somam*" (Ferreira Filho, 2016, p. 57).

Se a Teoria das Gerações de Direitos Humanos de Karel Vasak é objeto de críticas em relação ao emprego do vocábulo, que haveria de ser "dimensões", para que não se tenha o risco de inadequada compreensão do catálogo, há quem defenda a inexistência de gerações ou dimensões, que são acompanhadas de denominações relacionadas à natureza do direito, especialmente no ordenamento jurídico brasileiro, já que todas elas não se referem, afinal, aos direitos humanos fundamentais:

> A Constituição Brasileira consagra expressamente direitos sociais, porém, não autoriza estabelecer uma distinção de regime jurídico em relação aos demais direitos fundamentais. Os direitos sociais são, portanto, direitos fundamentais e apresentam-se como "regras de reconhecimento constitucional", dotadas de superioridade normativa e aptas a aferir a constitucionalidade das demais normas jurídicas (controle de constitucionalidade). Nessa medida, não se justifica — senão pelo uso corrente da expressão — a qualificação de direitos *sociais* (Rothenburg, 2021, p. 41).

A universalidade e a indivisibilidade dos direitos humanos fundamentais pode ser extraída da DUDH, que não diferencia o patrimônio jurídico necessário para que cada pessoa tenha dignidade:

> Como base da DUDH, encontram-se as noções de universalidade e indivisibilidade dos Direitos Humanos. Universalidade por referir-se ao conjunto da humanidade e a cada ser humano em particular, à comunidade de nações e a cada nação em si, afirmando princípios universais de direitos à vida, à liberdade, à igualdade em dignidade e direitos (Melo, 2023, p. 105).

Muito mais do que expor as teorias sobre os direitos sociais como segunda dimensão dos direitos humanos fundamentais ou como direitos humanos fundamentais, puramente, o objetivo é que não se tenha qualquer dúvida de que os direitos sociais são direitos humanos fundamentais, os quais se prestam a proteger a dignidade da pessoa humana:

> Os direitos humanos compõem, assim, uma unidade indivisível, interdependente e inter-relacionada, capaz de conjugar o catálogo de direitos civis e políticos com o catálogo de direitos sociais, econômicos e

> culturais. Sob esta perspectiva integral, identificam-se dois impactos: a) a inter-relação e interdependência das diversas categorias de direitos humanos; e b) a paridade em grau de relevância de direitos sociais, econômicos e culturais e de direitos civis e políticos (Piovesan, 2018, p. 182).

A relevância dos direitos sociais na Constituição Federal de 1988 se verifica desde o preâmbulo. É verdade que o preâmbulo do texto constitucional não tem exatamente uma força normativa, entretanto expõe ao intérprete e ao aplicador do Direito as bases que nortearam a promulgação da Carta Magna, dentre as quais o objetivo de assegurar o exercício dos direitos sociais:

> PREÂMBULO
>
> Nós, representantes do povo brasileiro, reunidos em Assembleia Nacional Constituinte para instituir um Estado Democrático, destinado a assegurar o exercício dos direitos sociais e individuais, a liberdade, a segurança, o bem-estar, o desenvolvimento, a igualdade e a justiça como valores supremos de uma sociedade fraterna, pluralista e sem preconceitos, fundada na harmonia social e comprometida, na ordem interna e internacional, com a solução pacífica das controvérsias, promulgamos, sob a proteção de Deus, a seguinte CONSTITUIÇÃO DA REPÚBLICA FEDERATIVA DO BRASIL.

Se, por um lado, a menção preambular não tem força normativa, isso não significa dizer, por outro lado, que é algo meramente simbólico. Ao contrário, o preâmbulo constitucional define os pilares de sustentação do sistema jurídico concebido:

> Mesmo sem entrar na discussão acerca do caráter efetivamente normativo do preâmbulo, não deixa de ser reveladora a importância que se empresta aos direitos sociais sua referência no pórtico da Constituição. Mais interessante, contudo, é a referência aos direitos sociais *em primeiro lugar*, antes da referência aos direitos individuais, e que será tomada aqui como uma possível ênfase: referência como *preferência* (Rothenburg, 2021, p. 311).

Fixadas as premissas de que os direitos sociais são direitos humanos fundamentais e de que estão presentes desde o preâmbulo da Constituição Federal, parece oportuno que se passe ao estudo do seu conceito, o que, entretanto, não é possível sem uma breve análise dos precedentes que lhe deram lugar.

Para fins didáticos, vale lembrar que a Teoria das Gerações de Direitos Humanos de Karel Vasak posiciona os direitos humanos na segunda geração, ou segunda dimensão, que se relaciona ao lema de igualdade propalado pela Revolução Francesa. E, de fato, o estudo dos seus precedentes ratifica a proposição, visto que se originam dos anseios dos trabalhadores de obter a melhoria de suas condições ou, ainda, de conseguir viver dignamente:

> A gênese dos direitos econômicos, sociais e culturais encerra pretensões relacionadas com a busca da igualdade material, concretizada na reivindicação essencialmente coletiva por iguais oportunidades sociais e de crescimento pessoal, a serem propiciadas, no campo jurídico pelos direitos à educação, cultura, saúde, alimentação, trabalho, moradia, transporte, lazer, segurança e previdência social, dentre outros (Beltramelli Neto, 2021, p. 87).

Uma especificidade dos direitos sociais que se extrai da sua gênese é justamente o dever prestacional que impõem ao Estado. Em contraposição aos direitos humanos de primeira dimensão, que se relacionam, em regra, ao dever de abstenção, os direitos sociais exigem a efetiva atuação do Estado com o objetivo de promover igualdade material:

> Os direitos sociais foram incorporados à gramática dos direitos após crescentes reivindicações da classe trabalhadora que, em um cenário de miséria, condições desumanas de trabalho e total exclusão da vida social e política, buscava o amparo estatal para as necessidades relacionadas às condições de trabalho, à educação, à saúde e à moradia, que tinham como fundamento central a proteção da dignidade humana (Gotti, 2012, p. 47).

Para reforçar a necessária atuação do Estado, invoca-se a afirmação de *"que os direitos sociais, como os direitos fundamentais de segunda geração, são aqueles que reclamam do Estado um papel prestacional, de minoração das desigualdades sociais"* (Araújo; Nunes Júnior, 2021, p. 248). Ainda na doutrina constitucional sobre os direitos sociais, encontra-se a ideia de *"prestações positivas proporcionadas pelo Estado"*:

> Assim, podemos dizer que os *direitos sociais*, como dimensão dos direitos fundamentais do homem, são prestações positivas proporcionadas pelo Estado direta ou indiretamente, enunciadas em normas constitucionais,

> que possibilitam melhores condições de vida aos mais fracos, direitos que tendem a realizar a igualização de situações sociais desiguais. São, portanto, direitos que se ligam ao direito de igualdade. Valem como pressupostos do *gozo* dos direitos individuais na medida em que criam condições materiais mais propícias ao auferimento da igualdade real, o que, por sua vez, proporciona condição mais compatível com o exercício efetivo da liberdade (Silva, 2016, p. 288-289).

Os direitos sociais *"são aqueles cuja finalidade é garantir às pessoas circunstâncias materiais mínimas, consideradas indispensáveis para a absoluta fruição de seus direitos. Desse modo, demandam do Estado uma atuação no âmbito social, adotando medidas de justiça distributiva"* (Malheiro, 2016, p. 42).

É bastante comum que os estudos relativos aos direitos sociais tragam conteúdo prestacional, mas não se pode olvidar que existem, igualmente, direitos sociais que reclamam abstenção do Estado: *"os direitos sociais consistem em um conjunto de faculdades e posições jurídicas pelas quais um indivíduo pode exigir prestações do Estado ou da sociedade ou até mesmo a abstenção de agir, tudo para assegurar condições materiais e socioculturais mínimas de sobrevivência"* (Ramos, 2022, p. 72-73).

Analisando-se os direitos sociais, identificam-se como prestacionais, exemplificativamente, o direito à saúde, educação, moradia, seguridade social e assistência social, enquanto a limitação da jornada de trabalho, liberdade de associação sindical e direito de greve exigem a abstenção, ou, como sustenta a doutrina, são direitos de defesa (Gotti, 2012, p. 49).

Pode-se afirmar, portanto, que os direitos sociais buscam promover a igualdade material, como forma de proteção da dignidade da pessoa humana, ostentando conteúdo prestacional e de abstenção, de acordo com a natureza do bem jurídico envolvido. Deve-se, igualmente, ter a clareza de que os direitos sociais são direitos humanos fundamentais e, nessa condição, são diretamente aplicáveis, sendo desnecessária a integração normativa.

Eventual indeterminação que possa ser atribuída aos direitos humanos fundamentais, especialmente aos direitos sociais, não torna necessária a sua regulamentação para plena eficácia jurídica. Seria um contrassenso, aliás, que os direitos humanos fundamentais, inseridos na Constituição Federal em razão da sua posição privilegiada no ordenamento jurídico, cujo objetivo é a proteção da dignidade da pessoa humana, enfrentassem restrições no que diz respeito à sua aplicação.

Naturalmente que a regulamentação pode ser útil aos direitos humanos fundamentais, como forma de facilitar a sua interpretação e aplicação, entretanto a sua eficácia jurídica não pode ficar dependente da atuação do legislador:

> Nenhum direito fundamental depende, em geral, de qualquer regulamentação, embora todos os direitos fundamentais sujeitam-se e até mesmo se predisponham à regulamentação, isso com vistas à sua otimização, não para a possibilidade de sua aplicação (que existem independentemente de lei) (Rothenburg, 2021, p. 123-124).

Outro fator relevante nos debates em torno da eficácia dos direitos humanos fundamentais diz respeito à sua horizontalidade, naquilo que é conhecido como eficácia horizontal dos direitos fundamentais, ou seja, a sua necessária observância e respeito nas relações entre particulares:

> Com o constante evoluir social destes direitos, a doutrina e a jurisprudência alargaram tal aplicabilidade. Hoje, referidos direitos fundamentais passam a ter aplicabilidade não só na relação verticalizada existente entre Estado e cidadão, mas, mais do que isso, entre partes em patamares de poder equivalente (entre dois cidadãos, por exemplo). É o que se convencionou chamar de eficácia horizontal dos direitos fundamentais.
>
> (...)
>
> Certos tais posicionamentos, o fato é que, havendo conflitos particularizados, tenham ou não sido estes deduzidos em juízo, deve-se observação aos direitos fundamentais estampados na Constituição Federal, sendo certo que estes direitos fundamentais merecem a interpretação que lhes deem a máxima efetividade e o maior espectro possível (Bastos, 2013, p. 305).

Para utilizar o dispositivo clássico dos direitos sociais no ordenamento jurídico brasileiro, que é o art. 6º da Constituição Federal, verifica-se, sem maiores esforços, que a regulamentação é oportuna para transportar o mandamento constitucional ao plano fático, com o objetivo de oferecer, por exemplo, educação, saúde e alimentação, bem como para proteger a maternidade. Entretanto, a ausência de regras específicas não pode impedir que sejam feitos todos os esforços e adotadas todas as medidas para a sua efetivação, inclusive entre particulares.

Deve-se ter clara, portanto, a proposição de que os direitos sociais, incluindo a proteção à maternidade, enquanto direitos humanos fundamentais, são instrumentos de proteção da dignidade da pessoa humana e devem ser aplicados, sem qualquer obstáculo, especialmente no contexto do ordenamento jurídico brasileiro, que os posiciona, com destaque, na Constituição Federal de 1988.

1.3. Os Direitos Humanos Fundamentais

Ao tratar da proteção à maternidade no texto constitucional, constata-se, de plano, a sua condição de direito social. Quando se estudam os direitos sociais, por sua vez, não é possível fazê-lo sem mencionar os direitos humanos fundamentais, já que os direitos sociais são direitos humanos fundamentais. É necessário, portanto, aprofundar a abordagem sobre direitos humanos fundamentais, para que se tenha clareza do objeto desta dissertação.

Por proêmio, é relevante esclarecer do que se está a tratar quando se utiliza a expressão direitos humanos fundamentais:

> É verdade que, no diálogo político, não mais se fala em direitos do Homem, embora textos constitucionais ainda empreguem a expressão. O feminismo conseguiu o repúdio da mesma, acusando-a de "machista". Logrou impor, em substituição, politicamente correta terminologia de direitos humanos, direitos humanos fundamentais, de que direitos fundamentais são uma abreviação (Ferreira Filho, 2016, p. 30).

No mesmo sentido, sobre a utilização das expressões *"direitos humanos"* e *"direitos fundamentais"*, a partir da união de ambas, acabou *"criando-se uma nova terminologia: 'direitos humanos fundamentais' ou ainda 'direitos fundamentais do homem'"* (Ramos, 2022, p. 59).

Superada qualquer dúvida decorrente da utilização de abreviações ou expressões ligeiramente diferentes para tratar dos direitos humanos fundamentais, verifica-se que basta analisar qualquer sistema jurídico para identificar uma relação de direitos que são conferidos às pessoas, entretanto nem todos esses direitos têm a prerrogativa de serem qualificados como fundamentais e, naturalmente, essa qualificação traz consequências no tratamento que lhe há de ser dispensado:

> Todo sistema jurídico atribui às pessoas um amplo e variado repertório de direitos. Trata-se de saber a que direitos — dentro desse repertório — pode ser dado o epíteto de fundamentais, daí a importância da definição, porque só a partir dela serão identificados os direitos como

> fundamentais, ou não. Esta seleção de direitos, vale dizer, a operação mental que permite atribuir a dado direito a qualificação de fundamental (enquanto a outros recusa o atributo), só pode realizar-se com efeitos práticos em face de um sistema jurídico positivo concreto. A historicidade dos direitos fundamentais impede a formulação teórica de "direitos fundamentais" em geral, válida universalmente no tempo e no espaço. Do ponto de vista de eficácia, são fundamentais apenas aqueles que, perante dado sistema jurídico, seja tidos como tais (Romita, 2009, p. 49).

A qualificação de fundamentalidade a ser atribuída a determinado direito naturalmente estará relacionada ao que a sociedade em análise entende como essencial, ou seja, como aquilo que não pode ser privado de uma pessoa humana. A diversidade de sociedades e, portanto, a diversidade de sistemas jurídicos, promovem a existência de diferentes direitos qualificados como fundamentais, a despeito de existirem documentos internacionais que eventualmente unifiquem determinados catálogos.

Em obra dedicada ao estudo dos direitos humanos fundamentais, que discorre sobre as "*fontes e antecedentes dos direitos fundamentais*", considera-se que a doutrina dos direitos humanos fundamentais não nasce apenas no século XVIII, visto que "*nada mais é do que uma versão da doutrina do direito natural que já desponta na Antiguidade*" (Ferreira Filho, 2016, p. 25-31). A proposição parece bastante adequada, pois se os direitos humanos fundamentais são essenciais ao homem, basta que existam para que igualmente estejam presentes direitos que lhes tenham como destinatários e que a eles sejam dotados de fundamentalidade. Evidente que cada período da história da existência do homem terá uma teoria daquilo que se entende como um direito humano fundamental, inclusive com denominações distintas, desde "*a referência a um Direito Superior, não estabelecido pelos homens, mas dado a estes pelos deuses*" (Ferreira Filho, 2016, p. 25-31).

A doutrina segue no sentido de que a concepção do Direito Natural, vinculado aos deuses e desvinculado da vontade humana, perdurou durante toda a Idade Média, prevalecendo até a parte derradeira do século XVIII. A concepção de que o direito teria a sua origem na natureza humana, e não na divindade, é trazida pela Escola do Direito Natural e das Gentes, sendo adotada pelo Iluminismo. A história demonstra, portanto, que "*a doutrina dos direitos do homem, como se viu acima, já estava conformada no século XVII. Entretanto, ela se expandiu no século seguinte, quando se tornou elemento básico de reformulação das instituições políticas*" (Ferreira Filho, 2016, p. 26).

Não é simples a tarefa de definir os direitos humanos fundamentais, originados nos primórdios da história, atravessando os mais diferentes contextos da existência humana, incluindo catálogos meramente verbais e outros escritos.

Para que se tenha um conceito de direitos humanos fundamentais que transcenda a especificidade de cada sociedade e seu respectivo sistema jurídico, as definições trazidas pela doutrina preferem uma abordagem daquilo que se almeja para que se qualifique determinado direito humano como fundamental.

Ao se ter uma ciência humana como objeto de estudo, evidentemente que não será possível apresentar conceito único, definitivo e lapidar daquilo que se entende como direitos humanos fundamentais. Por outro lado, em todas as mais festejadas definições encontradas, verifica-se o vocábulo dignidade, ou expressão dele derivada, o que faz compreender que os direitos humanos fundamentais estão relacionados à dignidade da pessoa humana.

Não raro, as definições de direitos humanos fundamentais mencionam mais de uma vez alguma palavra que tenha relação com dignidade, ao dizer que *"(o)s direitos humanos consistem em um conjunto de direitos considerado indispensável para uma vida pautada na liberdade, igualdade e dignidade. Os direitos humanos são direitos essenciais e indispensáveis à vida digna"* (Ramos, 2022, p. 35).

Ao oferecer a sua definição de direitos humanos fundamentais, a doutrina amplia a análise para relacionar aqueles que devem respeitá-los, adentrando ao tema das consequências de se atribuir a qualificação de fundamentalidade a determinado direito:

> Fixadas essas premissas, pode-se definir direitos fundamentais como os que, em dado momento histórico, fundados no reconhecimento da dignidade da pessoa humana, asseguram a cada homem as garantias de liberdade, igualdade, solidariedade, cidadania e justiça. Este é o núcleo essencial da noção de direitos fundamentais, aquilo que identifica a fundamentalidade dos direitos. Poderia ser acrescentadas as notas acidentais de exigência do respeito a essas garantias por parte dos demais homens, dos grupos e do Estado e bem assim a possibilidade de postular a efetiva proteção do Estado em caso de ofensa (Romita, 2009, p. 51).

Diante de diferentes abordagens trazidas pela doutrina acerca dos direitos humanos fundamentais, embora se verifique a reiterada menção à dignidade da pessoa humana e ao que a circunda, parece bastante assertiva a definição de que "*os diferentes pontos de vista sobre o significado, o conteúdo e a finalidade dos direitos humanos, convergem quanto a apresentar como seu eixo central a proteção da dignidade da pessoa humana*" (Beltramelli Neto, 2021, p. 35).

Ao se propor o estudo da proteção à maternidade, que logo se apresenta, textualmente, como integrante da lista dos direitos sociais do art. 6º da Constituição Federal, o que exige, portanto, o estudo dos direitos sociais, verifica-se que os direitos sociais estão incluídos no conceito de direitos humanos fundamentais, os quais se prestam a proteger a dignidade da pessoa humana. "*Nos termos do art. 1º, inciso III, da Constituição da República, um dos fundamentos do Estado democrático de direito em que se constitui o Brasil é a dignidade da pessoa humana*" (Romita, 2009, p. 277), que, por ser um valor fundamental do ordenamento jurídico em estudo, é tema que necessita ser abordado.

1.4. A Dignidade da Pessoa Humana

Ao se estudarem os direitos sociais e os direitos humanos fundamentais, verifica-se que os referidos institutos jurídicos não são uma exclusividade do ordenamento jurídico brasileiro, ao passo que inerentes à existência humana, transcendendo, portanto, qualquer limitação territorial. Da mesma forma é a dignidade da pessoa humana.

A dignidade da pessoa humana se caracteriza "*como consenso ético da humanidade no período posterior às duas grandes guerras do século XX, consagrada na Declaração Universal dos Direitos Humanos, adotada e proclamada pela Assembleia Geral das Nações Unidas, em 10 de dezembro de 1948*" (Feuz; Souza, 2023, p. 154-155):

> A ligação jurídico-positiva entre direitos fundamentais e dignidade da pessoa humana só começa com o Estado Social de Direito e, mais rigorosamente, com as Constituições e os grandes textos internacionais subsequentes à Segunda Guerra Mundial, e não por acaso. Surge em resposta aos regimes que "tentaram sujeitar e degradar a pessoa humana" (preâmbulo da Constituição Francesa de 1946). E, ao afirmar-se que o "desconhecimento e o desprezo dos direitos do homem" tinham conduzido "a actos de barbárie que revoltaram a consciência da Humanidade" e que "o reconhecimento da dignidade inerente a todos os membros da família humana e dos seus direitos iguais e inalienáveis constitui o fundamento da liberdade, da justiça e da paz no mundo" (preâmbulo da Declaração Universal) (Miranda, 2009, p. 168).

Em linha com a DUDH, o princípio da dignidade da pessoa humana foi estabelecido como fundamento da República Federativa do Brasil, de acordo com o art. 1º, III, da Constituição Federal, evidenciando a sua condição de valor fundante dos referidos textos:

> Em nosso linguajar, afirmamos, com frequência, que a dignidade da pessoa humana pode ser apresentada como valor estruturante ou basilar da comunidade, ou mesmo que se situa como vetor axiológico da Declaração e, consequentemente, da Constituição (Balera, 2009, p. 476).

Um determinado princípio ou regra já gozaria de posição privilegiada em um ordenamento jurídico pelo fato de estar posicionado no texto constitucional, em relação ao qual toda a atividade legislativa, executiva e judiciária estaria subordinada, mas a dignidade da pessoa humana é valor fundante da própria Constituição Federal de 1988:

> Além disso, a Constituição não é um mero feixe de leis, igual a qualquer outro corpo de normas. A Constituição, sabidamente, é um corpo de normas qualificado pela posição altaneira, suprema, que o ocupa no conjunto normativo. É a Lei das Leis. É a Lei Máxima, à qual todas as demais se subordinam e na qual todas se fundam. É a lei da mais alta hierarquia. É a lei fundante. É a fonte de todo o Direito. É a matriz última da validade de qualquer ato jurídico (Mello, 2011, p. 12).

Tudo o que consta na Constituição Federal estabelece as premissas para a construção do ordenamento jurídico que, como corolário, deve estar em harmonia com o texto constitucional. Sobre a supremacia da Constituição Federal:

> Significa que a constituição se coloca no vértice do sistema jurídico do país, a que confere validade, e que todos os poderes estatais são legítimos na medida em que ela os reconheça e na proporção por ela distribuídos. É, enfim, a lei suprema do Estado, pois é nela que se encontram a própria estruturação deste e a organização de seus órgãos; é nela que se acham as normas fundamentais do Estado, e só nisso se notará sua superioridade em relação às demais normas jurídicas (Silva, 2016, p. 47).

Não obstante, dentro da Constituição Federal existem dispositivos que gozam de maior prestígio e proteção, como aqueles que são considerados cláusulas pétreas.

No caso da dignidade da pessoa humana, não bastasse integrar o texto constitucional, é estabelecida de maneira inaugural, como valor fundamental da República Federativa do Brasil, ou seja, a própria sequência dos princípios e regras do texto constitucional lhe deve obediência, caracterizando-se como *"um pressuposto de qualquer conduta, um limite externo e de caráter tutelar imposto à ação"* (Carvalho, 2018, p. 15).

> O valor da dignidade humana — imediatamente elevado a princípio fundamental da Carta, nos termos do art. 1º, III — impõe-se como núcleo básico e informador do ordenamento jurídico brasileiro, como critério e parâmetro de valoração a orientar a interpretação e compreensão do sistema constitucional instaurado em 1988. A dignidade humana e os direitos fundamentais vêm a constituir os princípios constitucionais que incorporam as exigências de justiça e dos valores éticos, conferindo suporte axiológico a todo sistema jurídico brasileiro. Na ordem de 1988, esses valores passam a ser dotados de uma especial força expansiva, projetando-se por todo universo constitucional e servindo como critério interpretativo de todas as formas do ordenamento jurídico nacional (Piovesan, 2018, p. 71).

A doutrina contribui com o entendimento da condição da dignidade da pessoa humana dentro do nosso ordenamento jurídico, ao defender que *"é ela, a dignidade, o primeiro fundamento de todo o sistema constitucional posto e o último arcabouço da guarida dos direitos individuais. (...) É a dignidade que dá a direção, o comando a ser considerado primeiramente pelo intérprete"* (Nunes, 2018, p. 67).

A Declaração Universal dos Direitos Humanos e a Constituição Federal se identificam pelo fato de encontrarem na dignidade da pessoa humana o seu vetor axiológico, que constitui critério de aferição de validade de todo o sistema, exigindo, portanto, a compreensão do seu significado, para a adequada interpretação e aplicação.

Todavia não é possível encontrar significado unívoco de dignidade da pessoa humana, o que impõe desafios à sua implementação: *"essa indeterminação e ambiguidade comprometem a capacidade do princípio da dignidade humana de equacionar controvérsias jurídicas e sociais"* (Sarmento, 2019, p. 17). No mesmo sentido:

> (...) não há como negar, de outra parte, que uma conceituação clara do que efetivamente seja esta dignidade, inclusive para efeitos de definição do seu âmbito de proteção como norma jurídica fundamental, revela-se no mínimo difícil de ser obtida, isso sem falar na questionável (e questionada) viabilidade de se alcançar algum conceito satisfatório do que,

> afinal de contas, é e significa a dignidade da pessoa humana hoje, não sendo evidentemente à toa que já houve quem — ao referir-se à dignidade humana — falou de uma "tese não interpretada" (Theodor Heuss) (Sarlet, 2019, p. 48-49).

Justamente pelas dificuldades de se alcançar uma definição clara e objetiva do seu significado, entende-se adequado conceber o conteúdo da dignidade da pessoa humana a partir de diretrizes que permitam a sua compreensão e sobretudo a identificação de suas violações. O conteúdo daquilo que se entende como dignidade da pessoa humana deve acompanhar a evolução dos próprios seres humanos, que se modificam com a passagem do tempo e com as influências da sociedade em que estão inseridos, de maneira permanente:

> Nesse contexto, costuma apontar-se corretamente para a circunstância de que a dignidade da pessoa humana (por tratar-se, à evidência — e nisto não diverge de outros valores e princípios jurídicos — de categoria axiológica aberta) não poderá ser conceituada de maneira fixista, ainda mais quando se verifica que uma definição desta natureza não harmoniza com o pluralismo e a diversidade de valores que se manifestam nas sociedades democráticas contemporâneas, razão pela qual correto se afirmar que (também aqui) nos deparamos com um conceito em permanente processo de construção e desenvolvimento (Sarlet, 2019, p. 50).

Diante das dificuldades de se obter uma definição clara e objetiva do que seja a dignidade da pessoa humana, a doutrina converge no sentido de atribuir a ela um conteúdo, ou seja, premissas que devem ser observadas para avaliar a efetiva proteção ou a indesejada violação daquilo que preconiza. Nem todos os doutrinadores, entretanto, atribuem as mesmas premissas para a definição do conteúdo da dignidade da pessoa humana: *"conteúdo essencial do princípio da dignidade da pessoa humana na ordem jurídica brasileira compreende: a) valor intrínseco da pessoa; b) autonomia; c) mínimo existencial; e d) reconhecimento"* (Sarmento, 2019, p. 93).

Outra vertente propõe uma "*concepção minimalista*" de conteúdo da dignidade da pessoa humana, com o objetivo de não restringir a ampliação da sua abrangência, certamente guiado pelo dinamismo social:

> Para levar a bom termo esse propósito, deve-se aceitar uma noção de dignidade humana aberta, plástica e plural. Grosso modo, esta é a minha concepção minimalista: a dignidade humana identifica 1. O valor

> intrínseco de todos os seres humanos; assim como; 2. A autonomia de cada indivíduo; e 3. Limitada por algumas restrições impostas a ela em nome de valores sociais e interesses estatais (valor comunitário) (Barroso, 2012, p. 72).

Como referência da noção de conteúdo da dignidade da pessoa humana, adota-se a concepção minimalista, baseada no valor intrínseco de todos os seres humanos, na autonomia de cada indivíduo e no valor comunitário (Barroso, 2012, p. 76-98).

No que diz respeito ao valor intrínseco de todos os seres humanos, trata-se do "*elemento ontológico da dignidade humana*" (Barroso, 2012, p. 76). No contexto da análise ontológica, parece oportuna a dicção do art. 1 da Declaração Universal dos Direitos Humanos, ao dispor que "*todos os seres humanos nascem livres e iguais em dignidade e direitos*". O valor intrínseco do ser humano não é algo que exige uma atribuição por alguém, algo instrumental ou que tenha preço, mas uma condição inata. Justamente por ser uma condição que se verifica com o nascimento da pessoa, a dignidade não lhe pode ser retirada, embora possa ser violada e aviltada, razão pela qual é correto dizer que deve ser protegida e promovida ao longo de toda a sua existência — não se pode perder ou retirar aquilo que é inato. Ao transportar a dimensão do valor intrínseco para o âmbito jurídico, a dignidade da pessoa humana encontra significado no catálogo de direitos fundamentais, destacando-se o direito à vida, o direito à igualdade perante a lei e na lei, o direito à integridade física e psíquica.

Passando-se à autonomia de cada indivíduo como integrante do conteúdo da dignidade da pessoa humana, qualifica-se "*como elemento ético da dignidade da pessoa humana*" (Barroso, 2012, p. 81), esclarecendo-se que:

> É o fundamento do livre arbítrio dos indivíduos, que lhes permite buscar, da sua própria maneira, o ideal de viver bem e de ter uma vida boa. A noção central aqui é a de autodeterminação: uma pessoa autônoma define as regras que vão reger a sua vida. (...) Nesse tópico, o foco volta-se para a autonomia pessoal, que é valorativamente neutra e significa o livre exercício da vontade de cada pessoa, segundo seus próprios valores, interesses e desejos (Barroso, 2012, p. 81).

O pleno exercício da autonomia e, portanto, do livre-arbítrio pressupõe a razão, entendida como a capacidade mental de tomar decisões informadas, a independência, entendida como a ausência de coerção, manipulação e privações essenciais, e a escolha, entendida como a real existência de alternativas (Barroso, 2012, p. 82).

Esse segundo pilar do conteúdo da dignidade humana se associa aos direitos fundamentais do constitucionalismo democrático, abrangendo as liberdades básicas, de caráter privado, e o direito à participação política, de caráter público. A despeito de alguma hesitação, a doutrina reconhece que o mínimo existencial pode ser considerado um dos três pilares do conteúdo de autonomia, ao admitir a ascensão do Estado de Bem-estar Social (Barroso, 2012, p. 82).

Por derradeiro, apresenta-se o valor comunitário como "*elemento social da dignidade*" (Barroso, 2012, p. 87). Aliás, a dificuldade de se obter uma definição clara e objetiva de dignidade da pessoa humana está bastante relacionada às influências sociais. E não somente as influências sociais obstam a existência de conceito unívoco, mas impõem que "*os contornos da dignidade humana são moldados pelas relações do indivíduo com os outros, assim como com o mundo ao seu redor*" (Barroso, 2012, p. 87). Se, por um lado, a autonomia promove o livre-arbítrio das pessoas, por outro lado, o valor comunitário lhes impõe restrições e diretrizes para que seja possível a vida em sociedade e o relacionamento com o Estado, assim descritos:

> O valor comunitário, como uma restrição sobre a autonomia pessoal, busca a legitimidade na realização de três objetivos: 1. A proteção dos direitos e da dignidade de terceiros; 2. A proteção dos direitos e da dignidade do próprio indivíduo; e 3. A proteção dos valores sociais compartilhados (Barroso, 2012, p. 88).

Não bastasse a condição de fundamento da República Federativa do Brasil inscrito expressamente na Constituição Federal, a dignidade da pessoa humana é vetor axiológico do texto constitucional e, antes disso, da própria DUDH, decorrendo sua proteção da efetivação dos direitos humanos fundamentais, que, por sua vez, abrangem os direitos sociais: "*dignidade da pessoa humana parece conglobar, em si, todos os direitos fundamentais, quer sejam individuais clássicos, de fundo econômico e social*" (Marques da Silva, 2009, p. 224), ou seja, a promoção da dignidade da pessoa humana exige a efetivação dos direitos sociais, enquanto direitos humanos fundamentais.

1.5. A Proteção à Maternidade como Elemento da Dignidade da Pessoa Humana

A doutrina direciona algumas críticas à organização do texto da Constituição Federal de 1988 no que diz respeito à identificação dos direitos sociais. Existem dispositivos constitucionais que, expressamente, definem determinados direitos como direitos sociais, enquanto outros direitos considerados como sociais estão distribuídos em artigos que não trazem consigo a referida expressão.

De qualquer forma, esta dissertação se dedica ao estudo da proteção à maternidade, e esse instituto jurídico está devidamente identificado como direito social nos arts. 6º e 7º, XVIII, da Constituição Federal de 1988, sem prejuízo de toda a abordagem doutrinária nacional e internacional que ratifica o texto constitucional.

Em verdade, a proteção à maternidade figura na Constituição Federal de 1988 como direito social de todas as pessoas, em seu art. 6º, mas também com a especificidade de um direito social trabalhista, como se extrai da leitura do art. 7º, XVIII.

Essa condição da proteção à maternidade enquanto direito social naturalmente que a torna aplicável a todas as pessoas, incluindo a categoria das atletas, que são destinatárias dos preceitos constitucionais e infraconstitucionais aplicáveis à espécie. Não obstante seja evidente, parece oportuno reforçar que a Constituição Federal de 1988 não faz qualquer distinção em relação aos destinatários do direito social de proteção à maternidade, inclusive no âmbito do trabalho, ratificando a sua aplicabilidade às atletas.

O que se entende como mais relevante dessa abordagem inicial, entretanto, e que se deve levar para toda a análise do assunto é a constatação de que a proteção à maternidade é um direito social e, portanto, integra o catálogo de direitos humanos fundamentais, os quais se prestam à proteção da dignidade da pessoa humana, o que faz concluir, pacificamente, que a proteção à maternidade é elemento da dignidade da pessoa humana: *"o Brasil adotou a dignidade da pessoa humana não só como fundamento que rege e estrutura o Estado Democrático de Direito, mas também como verdadeira fonte de interpretação, paradigma do que se pretende no plano positivo"* (Feuz, 2018, p. 103).

Ainda sobre a dignidade da pessoa humana como fundamento da República Federativa do Brasil, a doutrina permite visualizar, objetivamente, a proposição de que a proteção à maternidade constitui seu elemento:

> A dignidade da pessoa humana (art. 1º, III) consiste na qualidade intrínseca e distintiva de cada ser humano, que o protege contra todo o tratamento degradante e discriminação odiosa, bem como assegura condições materiais mínimas de sobrevivência. Trata-se de atributo que todo indivíduo possui, inerente à sua condição humana, não importando nacionalidade, opção política, orientação sexual, credo, entre outros fatores de distinção. Novamente, esse fundamento da República converge para a proteção dos direitos humanos, que é indispensável para o Estado Democrático brasileiro (Ramos, 2022, p. 590).

Da mesma forma, a doutrina reforça que o princípio da dignidade da pessoa humana exige a promoção da igualdade e não admite qualquer forma de discriminação:

> O princípio da dignidade da pessoa humana está diretamente ligada à ideia de igualdade e de não discriminação. E isto é óbvio, pois não há como conceber existência digna na hipótese de um tratamento discriminatório injusto.
>
> A igualdade, junto com os valores da liberdade e da dignidade da pessoa humana são postados básicos em um Estado democrático de direito, imprescindíveis para a construção de uma sociedade livre, justa e solidária (Lockmann, 2016, p. 152).

Outra lição que se deve ter como norteadora do estudo de um direito que é elemento da dignidade da pessoa humana é a sua necessária proteção nas relações contratuais entre particulares: "*a dignidade humana não limita apenas os atos de poder. Estende-se esse limite também ao mundo potencial dos contratos, vale dizer, à esfera de liberdade – que tem, em paradoxo apenas aparente, também a dignidade humana como fundamento*" (Carvalho, 2018, p. 15).

A consciência de que a proteção à maternidade é elemento da dignidade da pessoa humana deve pautar toda a atuação do legislador, do intérprete e do aplicador do direito, inclusive em relação às atletas, para que esse direito seja garantido de forma plena, ampla, efetiva e integral.

1.6. O Desporto na Constituição Federal

Como anunciado alhures, para estabelecer bases sólidas para esta dissertação sobre a proteção à maternidade das atletas, é essencial compreender os seus aspectos constitucionais. Embora a proteção à maternidade na Constituição Federal de 1988 tenha protagonismo neste capítulo, não se pode deixar de discutir a abordagem constitucional feita ao esporte, ou ao desporto, para respeitar a opção do constituinte, embora as duas expressões sejam entendidas como sinônimas.

Se os direitos humanos têm como objetivo promover a dignidade da pessoa humana, oferecendo um catálogo dinâmico de direitos que se ajusta de acordo com a evolução da sociedade, não é difícil concluir pela impossibilidade de apresentar uma relação dos direitos que preencham o seu conteúdo e, naturalmente, não existe um rol taxativo de direitos sociais devidamente reconhecidos. Não bastasse isso, a concepção de direitos humanos não é a mesma de acordo com a sociedade em estudo, ou seja, os brasileiros podem ter uma compreensão de direitos humanos que não seja exatamente coincidente com a ideia dos italianos, para se dar um exemplo.

De qualquer forma, os organismos internacionais oferecem valiosa contribuição à tarefa de construir e reconstruir o catálogo de direitos humanos, que inclui, obviamente, os direitos sociais. E, no contexto do desporto, a ONU, em Conferência Geral para a Educação, a Ciência e a Cultura, proclamou a Carta Internacional da Educação Física e do Esporte, em 21 de novembro de 1978, lastreada na premissa de que "*os povos proclamaram sua fé nos direitos humanos fundamentais, bem como na dignidade e no valor da pessoa humana*", definindo, em seu artigo inaugural, que "*(a) prática da educação física e do esporte é um direito fundamental de todos*".

As cartas internacionais, oriundas do consenso dos Países-membros a partir da observação social, certamente influenciam os ordenamentos jurídicos de cada Estado, entretanto não necessariamente refletem na redação do texto constitucional.

No caso da República Federativa do Brasil de 1988, que se constitui como Estado Democrático e Social de Direito, a Constituição Federal tem a forma escrita e contém expressa menção aos direitos sociais. Essa característica do nosso texto constitucional permite analisar, de maneira objetiva, se o esporte pode ser enquadrado como um direito social:

> Além desta, uma das inovações da Constituição Federal de 1988 foi o enquadramento do desporto como direito do cidadão, nos Direitos e Deveres Individuais e Coletivos, passando alguns dos incisos do art. 5º a tratar direta e indiretamente de questões relacionadas ao desporto (Penteado, 2021, p. 38).

Embora o art. 5º da Constituição Federal, em seu inciso XXVIII, assegure "*a proteção às participações individuais em obras coletivas e à reprodução da imagem e voz humanas, inclusive nas atividades desportivas*", os arts. 6º e 217 do texto constitucional são protagonistas na consagração do esporte como direito social.

Inaugurando o Capítulo II, "Dos Direitos Sociais", o *caput* do art. 6º da Constituição Federal coloca o lazer como direito social:

> **Art. 6º** São direitos sociais a educação, a saúde, a alimentação, o trabalho, a moradia, o transporte, o lazer, a segurança, a previdência social, a proteção à maternidade e à infância, a assistência aos desamparados, na forma desta Constituição.

O Título VIII do texto constitucional, denominado "Da Ordem Social", que tem "*como base o primado do trabalho, e como objetivo o bem-estar e a justiça sociais*", ratifica o esporte como direito social. No Capítulo III do Título VIII, "Da Ordem Social", a educação, a cultura e o desporto se apresentam como direitos sociais, sendo a Seção III, que contém o art. 217, dedicada única e exclusivamente ao desporto:

> **Art. 217.** É dever do Estado fomentar práticas desportivas formais e não formais, como direito de cada um, observados:
>
> I – a autonomia das entidades desportivas dirigentes e associações, quanto a sua organização e funcionamento;
>
> II – a destinação de recursos públicos para a promoção prioritária do desporto educacional e, em casos específicos, para a do desporto de alto rendimento;
>
> III – o tratamento diferenciado para o desporto profissional e o não profissional;
>
> IV – a proteção e o incentivo às manifestações desportivas de criação nacional.
>
> **§ 1º** O Poder Judiciário só admitirá ações relativas à disciplina e às competições desportivas após esgotarem-se as instâncias da justiça desportiva, regulada em lei.
>
> **§ 2º** A justiça desportiva terá o prazo máximo de sessenta dias, contados da instauração do processo, para proferir decisão final.
>
> **§ 3º** O Poder Público incentivará o lazer, como forma de promoção social.

Para Silva (2016, p. 843-844), o art. 6º da Constituição Federal enumera os direitos sociais, que são disciplinados justamente no título da ordem social, que inclui o art. 217 – o autor até questiona a inserção de ciência e tecnologia e meio ambiente como abrangidos pela ordem social, mas não o faz em relação ao desporto. Ainda sobre o posicionamento dos direitos sociais no texto constitucional:

> O tema da Justiça Social está contemplado, sobretudo, nos arts. 6º, 7º, 170 e 193 da Lei Maior.
>
> Tais perceptivos são de máxima relevância; contudo, há também outros versículos de grande significação. Sirvam de exemplos o art. 9º, atinente ao direito de greve, ou, ainda, certos dispositivos ubicados dentro no capítulo sobre "Educação, Cultura e Desporto" (Mello, 2011, p. 31).

É importante que se compreenda o lazer, expresso no art. 6º da Constituição Federal, como elemento do direito ao desporto, já que o § 3º do art. 217 é textual ao definir que "*(o) Poder Público incentivará o lazer, como forma de promoção social*". Sobre o direito ao lazer, a doutrina afirma que não pode ser concebido apenas como contraposição ao trabalho, pois isso seria admitir que não existe vida além do trabalho; o lazer há de ser concebido como parte da vida, propriamente, que inclui a convivência com outras pessoas, participação em atividades culturais, religiosas e desportivas (Rothenburg, 2021, p. 373-374).

A dimensão do esporte em nosso ordenamento jurídico é ratificada pela conclusão de "*que o esporte se encontra elencado entre os direitos fundamentais, iguais ao direito à vida, à liberdade, à segurança, à propriedade, todas previsões contidas no art. 5º da Carta de Outubro*" (Feuz, 2019, p. 88).

Da respeitável condição de protagonista da elevação do desporto ao patamar constitucional, Álvaro Melo Filho sustenta que, como "*um dos direitos do homem, com preponderante função social, galgou o máximo de proteção jurídica no Texto Maior do País*" (Melo Filho, 2011, p. 38). E, de fato, a grandeza do desporto exige que tenha tal distinção de receber espaço na Constituição Federal.

Em defesa da condição do desporto enquanto direito social, são abordadas algumas das características pelas quais esse fenômeno social merece proteção constitucional.

> A Constituição, no Capítulo "Da Ordem Social", onde estão concentrados os direitos que têm por propósito o resgate da dignidade humana para todos os cidadãos, prevê o direito ao desporto. Os direitos sociais objetivam a formação do ser humano integral: agente da sociedade, das relações de trabalho, construtor do mundo moderno e, ao mesmo tempo, um ser relacional, humano, que, desse modo, deve integrar sua vida com o lazer, o convívio familiar e a prática desportiva. Assim, o desporto, quer como forma de lazer, quer como parte da vida educativa, quer ainda em caráter profissional, foi incorporado ao nosso sistema jurídico no patamar de norma constitucional (Araújo; Nunes Júnior, 2021, p. 40).

Justamente pelo fato de que os direitos sociais "*objetivam a formação do ser humano integral*", o desporto não poderia jamais ser excluído do seu catálogo, pois é essencial para o alcance desse desiderato.

Aquilo que era consenso doutrinário pela análise do texto constitucional obteve importante reforço da legislação infraconstitucional, visto que a Lei n. 14.597, de

14 de junho de 2023, que trouxe a Lei Geral do Esporte ao ordenamento jurídico brasileiro, ratificou a sua condição de direito social:

> **Seção III**
>
> **Do Direito Fundamental ao Esporte**
>
> **Art. 3º** Todos têm direito à prática esportiva em suas múltiplas e variadas manifestações.
>
> **§ 1º** A promoção, o fomento e o desenvolvimento de atividades físicas para todos, como direito social, notadamente às pessoas com deficiência e às pessoas em vulnerabilidade social, são deveres do Estado e possuem caráter de interesse público geral.

Por ocasião do Dia Internacional do Esporte para Desenvolvimento e Paz, em 6 de abril de 2021, quando o mundo atravessava um dos momentos mais críticos da Pandemia da Covid-19, o Secretário-Geral da Organização das Nações Unidas, António Manuel de Oliveira Guterres, publicou mensagem que demonstra a importância do esporte em nossa sociedade:

> Sport is one of the great human pursuits — a model of teamwork, a platform for individual excellence, a driver of economic growth for all of society. The United Nations has long worked in wide-ranging ways with athletes and sporting federations and associations to use this great power to build bridges of friendship and coexistence, to promote healthy lifestyles, and to advance our work to achieve sustainable, inclusive development and the 2030 Agenda.(1)

Sempre que se trata do desporto enquanto fenômeno social, a relação é imediata com a transmissão de ensinamentos capazes de influenciar positivamente a formação de homens e mulheres, e não apenas pelos benefícios que a atividade física pode trazer à saúde das pessoas.

Dos citados constitucionalistas brasileiros Luiz Alberto David Araújo e Vidal Serrano Nunes Júnior ao diplomata português António Manuel de Oliveira Guterres, que lidera o mais relevante organismo internacional, o desporto aparece como protagonista no ensinamento da convivência social. O desporto ensina as pessoas a

(1) Tradução Livre: O esporte é uma das grandes atividades humanas — um modelo de trabalho em equipe, uma plataforma para a excelência individual, um motor de crescimento econômico para toda a sociedade. As Nações Unidas há muito trabalham de maneiras abrangentes com atletas, federações e associações esportivas para usar esse grande poder para construir pontes de amizade e convivência, para promover estilos de vida saudáveis e avançar nosso trabalho para alcançar o desenvolvimento sustentável e inclusivo e a Agenda 2030.

se relacionarem com respeito a si próprias e ao próximo, desde a sala de aula ao mundo corporativo, passando por todos os demais atos da vida em sociedade.

Se o esporte difunde valores de boa convivência social e respeito, é indiscutível a sua contribuição com a promoção e o incentivo da educação, justamente porque a educação visa ao "*pleno desenvolvimento da pessoa, seu preparo para o exercício da cidadania e sua qualificação para o trabalho*", como define o art. 205 da Constituição Federal de 1988:

> **CF/1988, art. 205.** A educação, direito de todos e dever do Estado e da família, será promovida e incentivada com a colaboração da sociedade, visando ao pleno desenvolvimento da pessoa, seu preparo para o exercício da cidadania e sua qualificação para o trabalho.

A formação do ser humano integral, a partir de um ser relacional com capacidade de trabalhar em equipe, que é característica do desporto, converge, quase que textualmente, para os objetivos da educação.

É sempre importante lembrar que nem todas as pessoas que têm contato com o desporto absorvem os seus mais nobres ensinamentos. Alguns não desenvolvem a capacidade de conviver socialmente de maneira civilizada e respeitosa, outros não adquirem a habilidade do trabalho em equipe, mas, regra geral, os impactos do desporto na vida das pessoas e, consequentemente, na sociedade são extremamente benéficos, haja vista o espaço que ocupa na agenda nacional e internacional, notadamente enquanto direito social e, portanto, direito humano fundamental, imprescindível para a proteção e a promoção da dignidade da pessoa humana.

A relevância do esporte enquanto instrumento de transformação social fez com que a Constituição Federal, ao dedicar o Capítulo VII à família, enquanto "*base da sociedade*", imputasse a ela o dever de "*assegurar à criança, ao adolescente e ao jovem, com absoluta prioridade, o direito à vida, à saúde, à alimentação, à educação, ao lazer, à profissionalização, à cultura, à dignidade, ao respeito, à liberdade e à convivência familiar e comunitária*". Observa-se que o texto constitucional não faculta às famílias incentivarem o direito ao lazer, mas as obriga, afirmando ser o seu dever, prioritário, assegurar o direito ao lazer, nele compreendido o direito ao esporte, como reiteradamente defendido neste estudo. E a Constituição Federal não o fez por mero capricho ou predileção do legislador pela prática esportiva, mas pela consciência de que o desporto contribui, entre outros, para a educação, para a saúde, para a vida, para a economia e, portanto, quanto mais uma nação cumprir o seu dever de promover o esporte como direito social, tanto mais prosperidade e desenvolvimento terão os seus filhos e filhas.

Se o desporto é um direito social, naturalmente que ocupa a mesma posição jurídica do direito de proteção à maternidade, como integrante dos direitos humanos fundamentais e, portanto, elemento da dignidade da pessoa humana, o que ratifica a importância de discutir os referidos institutos jurídicos, mas, sobretudo, reforça a responsabilidade do legislador, do intérprete e do aplicador do direito, para que a proteção à maternidade no desporto seja promovida de forma plena, ampla, efetiva e integral.

1.7. O Esporte como Atividade Econômica

A delimitação do tema desta dissertação promove a imediata identificação de dois temas preponderantes, a saber, a proteção à maternidade e o esporte, os quais são abordados pela Constituição Federal de 1988 e, portanto, devem ser cotejados para a construção do trabalho.

Contudo a Constituição Federal de 1988 também tem dispositivos dedicados à atividade econômica, os quais impactam diretamente no estudo da proteção à maternidade no âmbito do esporte, ao passo que o esporte se caracteriza como atividade econômica, que, por sua vez, mantém relação com os direitos sociais e, naturalmente, com a dignidade da pessoa humana, temas importantes ao presente estudo.

Para iniciar este tópico, oportuna a reprodução do questionamento referente ao futebol: *"Como negar que uma modalidade esportiva que movimenta anualmente cerca de US$ 30 bilhões ao redor do mundo não seja um grande negócio, uma verdadeira atividade econômica?"* (Melo Filho; Santoro, 2019, p. 91).

De fato, é impensável que alguém ainda compreenda o futebol, ou qualquer outra modalidade esportiva, como uma atividade meramente lúdica. Evidentemente que a sua vertente lúdica se faz presente na sociedade, mas as competições envolvendo atletas profissionais, domésticas ou internacionais, expressam o exercício de atividade econômica:

> A partir da década de 1980, como consequência da profunda alteração do jogo de forças mundial e a consolidação do capitalismo como sistema político e econômico hegemônico, além da evolução na indústria e desenvolvimento dos meios de transmissão eletrônicos, foi agregado ao esporte o paradigma mercadológico com possibilidades ilimitadas do ponto de vista econômico. Desse modo, o futebol transformou-se, então, em verdadeiro espetáculo; em peça fundamental na engrenagem da indústria de entretenimento nacional e internacional (Perruci, 2017, p. 61).

Ao mesmo tempo em que é imprescindível compreender que o esporte enquanto atividade econômica é movido essencialmente pela paixão, não há como encarar a sua gestão com o romantismo de outrora:

> Modernamente, por todo o mundo tem sido verificada a modificação dos conceitos inerentes aos clubes que atuam em campeonatos profissionais. Há muito abandonou-se o ideal romântico da competição por prazer, da sensação de vencer simplesmente por disputar (Bueno, 2004, p. 141).

Na discussão sobre o esporte enquanto atividade econômica, verifica-se que a própria Lei n. 14.597, de 14 de junho de 2023, que institui a Lei Geral do Esporte, dedica o Título II à Ordem Econômica Esportiva.

Com o enquadramento do esporte enquanto atividade econômica, outros dispositivos constitucionais além daqueles já abordados merecem destaque para reforçar as diretrizes sobre as quais há de ser analisado o tema central deste estudo, que é a proteção à maternidade no contexto das atletas.

Anteriormente, abordou-se a proteção à maternidade enquanto direito social e, portanto, como elemento da dignidade da pessoa humana, o que já seria suficiente para atribuir extrema relevância a esse direito.

Como se não bastasse isso, ao se enquadrar o esporte como atividade econômica, existe um reforço do respaldo constitucional conferido à proteção à maternidade, justamente para contrabalancear a livre iniciativa. E esse reforço de que os valores sociais do trabalho devem conviver com a livre iniciativa constitui fundamento da República Federativa do Brasil:

> **Art. 1º** A República Federativa do Brasil, formada pela união indissolúvel dos Estados e Municípios e do Distrito Federal, constitui-se em Estado Democrático de Direito e tem como fundamentos:
>
> I – a soberania;
>
> II – a cidadania;
>
> III – a dignidade da pessoa humana;
>
> IV – os valores sociais do trabalho e da livre iniciativa;
>
> V – o pluralismo político.
>
> **Parágrafo único.** Todo o poder emana do povo, que o exerce por meio de representantes eleitos ou diretamente, nos termos desta Constituição.

Da mesma forma, para não deixar qualquer dúvida, a Constituição Federal dedica o Título VII para disciplinar a Ordem Econômica e Financeira, inaugurando a regulamentação pelo capítulo dos princípios gerais da atividade econômica. Logo no *caput* do art. 170, o texto constitucional define que *"a ordem econômica, fundada na valorização do trabalho humano e na livre iniciativa, tem por fim assegurar a todos, existência digna, conforme os ditames da justiça social"*.

Apesar de o art. 1º, III, da Constituição Federal utilizar a expressão "*valores sociais do trabalho*", enquanto o art. 170, *caput*, da Constituição Federal contempla a "*valorização do trabalho humano*", ambos promovem a mesma diretriz:

> A valorização social do trabalho e a livre-iniciativa, indicados igualmente como fundamento da nossa ordem econômica pelo art. 170, indicam que não só o Brasil adota o sistema capitalista, calcado na liberdade de empreendimento, como que um dos papéis de regulação do sistema econômico atribuído ao Estado é o de valorizar o trabalho, promovendo, portanto, a sua proteção, quer em relação ao empregador, quer em relação a vicissitudes econômico-sociais (Araújo; Nunes Júnior, 2021, p. 127-128).

O texto constitucional estabelece que a República Federativa do Brasil tem natureza capitalista, mas tem a cautela de definir, expressamente, pelos "*valores sociais do trabalho*" e pela "*valorização do trabalho humano*", que a livre iniciativa deve encontrar limites e que o Estado deve atuar para que o trabalho seja prioritariamente protegido:

> A Constituição declara que a ordem econômica é fundada na *valorização do trabalho humano* e na iniciativa privada. Que significa isso? Em primeiro lugar quer dizer precisamente que a Constituição consagra uma economia de mercado, de natureza capitalista, pois a *iniciativa privada* é um princípio básico da ordem capitalista. Em segundo lugar significa que, embora capitalista, a ordem econômica dá prioridade aos valores do trabalho humano sobre todos os demais valores da economia de mercado. Conquanto se trate de declaração de princípio, essa prioridade tem o sentido de orientar a intervenção do Estado, na economia, a fim de fazer valer os valores sociais do trabalho que, ao lado da iniciativa privada, constituem o fundamento não só da ordem econômica, mas da própria República Federativa do Brasil (art. 1º, IV) (Silva, 2016, p. 802).

O objetivo do constituinte, ao incluir o anteparo dos "*valores sociais do trabalho*" e da "*valorização do trabalho humano*" ante a "*livre iniciativa*", seja pelo art. 1º, IV, seja pelo art. 170, *caput*, da Constituição Federal, é justamente conter o ímpeto dos interesses econômicos no sentido de se ignorarem os limites da justiça social:

> Não é possível cogitar de iniciativa econômica sem valorização do trabalho humano. Assim como a valorização do trabalho humano relaciona-se diretamente à livre iniciativa, inclusive e especialmente, à iniciativa econômica do capital privado. O que o art. 170 determina, em um sentido mais prático, é que não pode haver legitimidade da ação humana na econômica que desconsidere ou ignore o valor do trabalho humano, quer dizer, que subjugue o trabalho do Homem a interesses econômicos que colocam em risco, que o transformem em objeto ou mero instrumento de trabalho. Não é só. A valorização do trabalho humano assume, além da perspectiva de qualificar a ação humana na economia brasileira, uma dimensão transformadora, típica da Constituição de 1988 (Gama; Tavares, 2022, p. 33).

A verdadeira contenção imposta à livre iniciativa pelas amarras dos "*valores sociais do trabalho*" e da "*valorização do trabalho humano*" constitui prescrição que é condição de legitimidade do sistema:

> Já no caso da "valorização do trabalho humano", o acento está na "valorização", portanto num ato de apreciar e fazer realizar o que se considera bom: o trabalho humano. A "valorização do trabalho humano", como fundamento, é, assim, prospectiva, é modo de conformar a realização da atividade econômica.
>
> Sublinhe-se que a Constituição não funda a Ordem **no** trabalho humano, mas na **sua valorização**. O trabalho, afinal, é uma contingência humana, que compõe seu modo de ser. É base, nesse sentido, da atividade econômica, da produção de bens e do seu comércio. Mas uma coisa é ser base na **economia**, outra, da **ordem econômica**. Ordem constitucional é instauração normativa, é organização e regulação, é modo de conceber e normatizar a concepção. Sendo a valorização do trabalho humano fundamento dessa ordem, o que se determina é que, sem aquele fundamento poderá ainda haver economia, trabalho, produção, atividade econômica, mas não será a ordem proclamada como legítima pela Constituição.

> Na "valorização do trabalho humano" repousa uma parte da legitimidade da ordem econômica, construída, então, sobre um empenho, constante e permanente, de promover o trabalho humano (Ferraz Júnior, 2019, p. 80).

A partir de uma outra perspectiva, mas com os mesmos propósitos, reúnem-se os "*valores sociais do trabalho*", a "*valorização do trabalho humano*" e a "*livre iniciativa*" como integrantes de um esforço conjunto para sejam superadas as mazelas da sociedade, especialmente as desigualdades:

> Sem embargo, é correto afirmar que a ordem econômica e a livre iniciativa caminharão de mãos dadas rumo ao combate das desigualdades, sejam elas em que condições se encontrem, e também buscarão a manutenção saudável do pleno emprego (Silvério, 2019, p. 139).

Naquilo que se compreende como os "*valores sociais do trabalho*" e "*valorização do trabalho humano*" estão incluídos os direitos sociais dos arts. 6º e 7º da Constituição Federal, abrangendo, naturalmente, a proteção à maternidade:

> A Constituição, que, no art. 6º, enumera os "direitos sociais" e, dentre eles, o direito ao trabalho, completando, no art. 7º, esses direitos com o elenco dos direitos do trabalhador, que são direitos sociais específicos. Em termos de valorização do trabalho humano, todos esses direitos, embora alinhados pela ótica do econômico como integrantes do sistema produtivo, ressalvam o sentido social da sobrevivência humana, do valor da sobrevivência, com seus mínimos necessários, inclusive suas possibilidades de resistência aos imperativos das necessidades econômicas, como é o caso da greve (Ferraz Júnior, 2019, p. 87-88).

O estudo do esporte enquanto atividade econômica, especialmente à luz dos princípios da atividade econômica inscritos na Constituição Federal de 1988, não pode olvidar os limites estabelecidos pela dignidade da pessoa humana. O ser humano deve ser considerado como elemento nuclear do processo de desenvolvimento econômico:

> A Filosofia Humanista do Direito Econômico entende, portanto, que o processo de desenvolvimento deve centrar-se na pessoa humana e no Planeta, de arte a garantir a todos os Homens níveis dignos de subsistência e sustentabilidade planetária, com a decorrente livre realização das potencialidades do Homem e de todos os Homens (Balera; Sayeg, 2019, p. 97).

Não bastasse a condição de direito social que ostenta o instituto da proteção à maternidade e, portanto, um direito humano fundamental, elemento da dignidade da pessoa humana, verifica-se que a Constituição Federal de 1988 reforça a necessidade de que seja promovida no contexto dos "*valores sociais do trabalho*" e da "*valorização do trabalho humano*", como limite à livre iniciativa, que é um princípio orientador do esporte, enquanto atividade econômica.

Capítulo 2

A Proteção à Maternidade das Atletas no Brasil

Quando se discute um preceito constitucional, não se pode olvidar o ensinamento de que, "*no espírito unânime dos povos, todavia, uma Constituição deve ser algo muito mais sagrado, mais firme e mais incomovível que uma lei comum*" (Lassalle, 2015, p. 33).

O estudo dos aspectos constitucionais da proteção à maternidade na Constituição Federal demonstra se tratar de um direito social, integrante do catálogo dos direitos humanos fundamentais, que constitui elemento da dignidade da pessoa humana e, por todas essas características, não exigiria sequer uma regulamentação em outro diploma normativo para que fosse implementado de maneira efetiva, plena, ampla e abrangente, com o reforço do entendimento consagrado pelo Supremo Tribunal Federal sobre a eficácia horizontal dos direitos fundamentais:

> I. EFICÁCIA DOS DIREITOS FUNDAMENTAIS NAS RELAÇÕES PRIVADAS. As violações a direitos fundamentais não ocorrem somente no âmbito das relações entre o cidadão e o Estado, mas igualmente nas relações travadas entre pessoas físicas e jurídicas assegurados pela Constituição vinculam diretamente não apenas os poderes públicos, estando direcionados também à proteção dos particulares em face dos poderes privados.
>
> (REsp. 201.819-8 RJ, Segunda Turma, rel. Min. Gilmar Mendes, j. em 11.10.2005)

Embora a natureza do direito de proteção à maternidade, como todos os outros direitos humanos fundamentais, dispense regulamentação para que seja aplicado, evidentemente que o estabelecimento de parâmetros legais pode contribuir sobremaneira para a almejada efetividade do direito.

Por ocasião da promulgação da Constituição Federal vigente, em 1988, a CLT já integrava o ordenamento jurídico brasileiro, desde 1943, com regras postas sobre a proteção à maternidade. A mudança da norma estruturante de um sistema jurídico exigiu que fosse feita uma espécie de verificação da conformidade de todas as normas então vigentes com o novo paradigma constitucional, com o objetivo de apurar o que havia sido recepcionado e o que demonstrava ser incompatível com a vontade do constituinte.

Ao promulgar a Constituição Federal de 1988, o constituinte avaliou ser adequado incluir regras que viabilizassem a transição do sistema constitucional anterior para aquele que passava a fundar o ordenamento jurídico brasileiro. Para isso, houve a promulgação conjunta dos Atos das Disposições Constitucionais Transitórias (ADCT) e a proteção à maternidade foi um dos temas contemplados pelas referidas regras de transição.

Com a promulgação da Constituição Federal de 1988, portanto, a proteção à maternidade estava incluída expressamente nos arts. 6º, *caput*, e 7º, XVIII, bem como no art. 10, II, *"b"*, do ADCT, além das previsões da CLT que foram se ajustando ao longo dos anos, com a revogação, inclusão e modificação de dispositivos, como resultado da atuação do legislador a partir das mudanças da sociedade.

A amplitude do texto constitucional ao estabelecer a proteção à maternidade como direito social, naturalmente, é concretizada com a atuação do legislador infraconstitucional. As regras celetistas especificam as condutas esperadas para a efetivação desse direito para todos os trabalhadores.

Após a promulgação da Constituição Federal de 1988, que dedicou o seu art. 217 exclusivamente ao desporto, o legislador infraconstitucional passou a trabalhar na elaboração de leis especiais para esse fenômeno social.

Com o advento de leis especiais sobre o desporto, como a Lei n. 8.672, de 6 de julho de 1993, conhecida como Lei Zico, e a Lei n. 9.615, de 24 de março de 1998, conhecida como Lei Pelé, construía-se um espaço normativo específico, que incluía regras sobre as relações do trabalho no esporte, mas sem qualquer menção à maternidade.

Não parecia ser imprescindível que a lei especial do desporto tratasse expressamente da maternidade ou da proteção à maternidade, uma vez que a Constituição Federal de 1988 e a CLT já ofereciam diretrizes suficientes para a efetivação desse direito. Entretanto, o silêncio da legislação desportiva sobre regras de proteção à maternidade no referido contexto não raro permitia a defesa de que o tema padecia de lacuna, o que prejudicava a sua observância.

Salvo melhor juízo, a interpretação de que o silêncio da legislação desportiva poderia constituir óbice à efetividade do direito de proteção à maternidade no desporto não resistiria à compreensão da força normativa da Constituição Federal de 1988, das normas gerais aplicáveis a todos os trabalhadores e, não bastasse isso, da natureza jurídica do referido direito.

Essa discordância não significa dizer que o enfrentamento da proteção à maternidade na legislação especial fosse indesejado, ao contrário: a existência de regras claras e objetivas sobre o tema no âmbito desportivo poderia superar qualquer tentativa de mitigar a plena aplicação desse direito, que, reitera-se, constitui elemento da dignidade da pessoa humana. Em outras palavras, a existência de previsões sobre a proteção à maternidade na legislação desportiva é uma forma de reforçar a necessidade de efetivar e promover esse direito, desde que, obviamente, as tais regras infraconstitucionais estivessem alinhadas com as premissas constitucionais.

A intensa atividade legislativa relacionada ao desporto fez com que o ordenamento jurídico brasileiro se deparasse com uma realidade de normas jurídicas diversas, uma para cada vertente do desporto, como tributos, consumo e crimes, além de serem reiteradamente modificadas em relação ao seu texto original — algumas mudanças desejáveis, mas outras nem tanto.

O fato é que, em meados da década de 2010, houve a ideia de se criar uma legislação desportiva que reunisse todas as diversas e remendadas normas existentes em relação ao desporto em um único diploma, abrangente e suficiente para regular esse relevante fenômeno social de dimensão global.

Como resultado da atividade legislativa, ao ordenamento jurídico brasileiro foi adicionada a Lei n. 14.597, de 14 de junho de 2023, conhecida como Lei Geral do Esporte. É verdade que o objetivo de unificar a legislação desportiva não foi alcançado, com tantos vetos e manutenção de diplomas legais anteriores, entretanto alguns temas foram enfrentados pelo texto legal, incluindo-se regras de proteção à maternidade.

As regras inseridas na Lei Geral do Esporte sobre proteção à maternidade buscaram regulamentar situações específicas do esporte, naturalmente, como há de fazer uma lei especial, o que não afasta a incidência das leis gerais infraconstitucionais, as quais, conjuntamente, devem promover as diretrizes constitucionais.

Se, outrora, quando a lei especial era silente sobre a proteção à maternidade, havia o argumento de que isso constituiria óbice à sua efetivação em âmbito desportivo, é natural que agora exista a defesa de que somente a lei especial há de regulamentar a matéria nos limites do respectivo fenômeno social.

Com respeito aos entendimentos contrários, entende-se que o ordenamento jurídico há de ser compreendido de maneira sistêmica, em um ambiente no qual as diversas fontes normativas sejam invocadas para uma compreensão sistêmica do direito, sempre com lastro nas diretrizes constitucionalmente estabelecidas.

Por essas razões, o estudo da proteção à maternidade das atletas na Lei Geral do Esporte exige uma prévia análise de como deve ser interpretada de maneira sistêmica dentro do ordenamento jurídico em que está inserida e, para isso, não é suficiente cotejar cada fonte normativa, mas demonstrar, antes disso, justamente a necessidade de que sejam compreendidas em conjunto, invocando-se, nesse caso, o método do diálogo das fontes.

2.1. As Normas Gerais e o Diálogo das Fontes

No contexto dos desafios enfrentados pelas mulheres no mundo e no trabalho, é oportuna a lição sobre as barreiras que lhes são impostas no âmbito do esporte:

> No mundo do desporto não é diferente. Apesar de ter havido um significativo avanço do trabalho feminino na área do esporte, as mulheres ainda ocupam um reduzido espaço neste mercado de trabalho em comparação com os homens, bem como continuam sofrendo as discriminações de gênero, muitas vezes em amplitude até maior do que em outros seguimentos, decorrentes de comportamento social "patriarcal" e "machista" enraizado na sociedade (Lockmann, 2016, p. 151).

As diretrizes estabelecidas pela Constituição Federal de 1988 são instrumentos contundentes para que as mulheres enfrentem as anunciadas barreiras que lhes são impostas, orientando a atividade executiva, legislativa e a jurisdicional. No âmbito normativo, a legislação infraconstitucional deve servir ao texto constitucional, estando, no âmbito do esporte, presentes as leis gerais e as leis especiais:

> As particularidades do contrato de trabalho esportivo, entretanto, pelas condições pessoais dos contratantes (atleta e clube) e pela originalidade das relações que entre eles se estabelecem, como resultantes da natureza do trabalho realizado, definem aquele contrato como um contrato especial de trabalho.
>
> Como ocorre com todos os contratos especiais de trabalho, nesse caso, o atleta profissional é regido por duas ordens de normas, que se superpõem: ao lado das normas genéricas — comuns a todos os trabalhadores

> — existem normas específicas, exigidas pelas peculiaridades do trabalho esportivo e que apenas se aplicam aos que o realizam (Giordani, 2014, p. 129).

No contexto da existência de lei geral e lei especial, o que seria, no caso do esporte, a CLT e a Lei n. 14.597/2023, conhecida como Lei Geral do Esporte, complementa-se:

> (...) tanto na interpretação de uma, como da outra, ou de todas, se se preferir, há fazê-lo sem olvidar dos valores, princípios e fins objetivados pela Constituição Federal, e pelo Direito do Trabalho, relativamente à situação dos que trabalham, máxime por conta de outrem, na condição de empregado, para que sua dignidade de pessoa humana, não se reduza a uma "estratégia" de interesses econômicos, sendo "chutada" ou "lançada", de um lado para o outro, conforme o desenrolar da partida, para empregar uma imagem, digamos assim, futebolística! (Giordani, 2014, p. 130).

Nessas relações entre lei geral e lei especial, sempre à luz da Constituição Federal, parece oportuno invocar o método do diálogo das fontes, especialmente quando está em debate um direito humano fundamental, como é o caso da proteção à maternidade. O método do diálogo das fontes, concebido por Erik Jayme:

> Erik Jayme, em seu Curso Geral de Haia de 1995, ensinava que, em face do atual "pluralismo pós-moderno" de um direito com fontes legislativas plúrimas, ressurge a necessidade de coordenação entre as leis no mesmo ordenamento, como exigência para um sistema jurídico eficiente e justo (Identité Culturelle et intégration: le droit Internationale privé postmoderne, Recueil des Cours, II, p. 60 e 251 e ss.).
>
> O uso da expressão do mestre, "diálogo das fontes", é uma tentativa de expressar a necessidade de uma aplicação coerente das leis de direito privado, coexistentes no sistema. É a denominada "coerência derivada ou restaurada" (*cohérence deriveé* ou *restaurée*), que, em um momento posterior à descodificação, à tópica e à microrrecodificação, procura uma eficiência não só hierárquica, mas funcional do sistema plural e complexo de nosso direito contemporâneo, a evitar a "antinomia", a "incompatibilidade" ou a "não coerência" (Marques, 2013, p. 122).

Como a proteção à maternidade não está prevista em somente um diploma normativo, ainda mais quando se trata da categoria especial das atletas, é relevante ter à disposição um método para solucionar eventuais desafios interpretativos, sendo adequado o diálogo das fontes:

> A teoria do diálogo das fontes é, em minha opinião, um método da nova teoria geral do direito muito útil e pode ser usada na aplicação de todos os ramos do direito, privado e público, nacional e internacional, como instrumento útil ao aplicador da lei no tempo, em face do pluralismo pós-moderno de fontes, que não parece diminuir no século XXI. Método é caminho. Metodologia é um processo, uma técnica que generosamente nos guia, nos ajuda a avançar de forma segura, neste esforço de acertar e alcançar uma decisão justa (Marques, 2012, p. 21).

Destaca-se, na fundamentação do método, que a coordenação das fontes deve convergir para a coerência do sistema, afastando, portanto, não apenas eventuais antinomias e incompatibilidades, mas qualquer situação que não promova a harmonia do ordenamento jurídico:

> Em sua concepção original, a teoria do diálogo das fontes da conta que se deve pregar uma aplicação coerente das normas jurídicas, voltada à eficiência, que é buscada não apenas na hierarquia, mas, igualmente, na funcionalidade de um sistema plural e complexo que marca o direito contemporâneo como um todo, cujo foco é o afastamento de antinomias, incompatibilidades ou uma não coerência (Duque, 2021, p. 128-129).

Ao se pensar na coerência do sistema, almejada pelo método do diálogo das fontes, há de se ter, como critério de validação, o respeito ao texto constitucional, que, no ordenamento jurídico brasileiro, inclui a promoção dos direitos humanos fundamentais:

> Ao direito ordinário incumbe, pois, a tarefa de transformar os princípios consagrados na constituição em instrumentos concretos de ação. Dessa forma, o legislador deverá buscar, incansavelmente, uma regulação que concretize os pressupostos e os efeitos da influência dos direitos fundamentais, de modo a obter uma maior determinação da regulação normativa, bem como uma maior clareza, certeza e previsibilidade jurídicas, em relação à que seria obtida por um recurso direto e imediato aos direitos fundamentais (Duque, 2021, p. 135-136).

Toda a internalização do método do diálogo das fontes feito por Cláudia Lima Marques no ordenamento jurídico brasileiro teve como protagonista o direito do consumidor, embora não tenha sido concebido especificamente para uma determinada área do direito. Nesse sentido, baseado nas premissas fixadas pela doutrinadora, Renato Rua de Almeida discorre sobre a plena aplicabilidade do método ao direito do trabalho, justamente por tratar dos direitos humanos fundamentais e, por isso, envolver a promoção da dignidade da pessoa humana:

> Como afirma Cláudia Lima Marques, "o método do diálogo das fontes é valorativo e inovador: promove sempre os direitos do sujeito mais fraco e seus direitos fundamentais" e mais "trata-se de uma visão atualizada e coerente do antigamente 'conflito de leis no tempo', e neste sentido serve a toda teoria geral do direito. O intérprete pode dela se utilizar, não só no Direito do Consumidor, mas sempre que estiver presente um sujeito com direitos fundamentais ou em jogo valores constitucionais, pois fornece um caminho, um instrumento metodológico seguro e útil, a seguir".
>
> Ora, da mesma forma como o diálogo das fontes é utilizado na promoção dos direitos do consumidor, tema da especialidade de Cláudia Lima Marques, ele pode e deve ser também utilizado na promoção do trabalhador — em razão de sua dignidade como pessoa humana — e de seus direitos fundamentais.
>
> É de se dizer, assim, que o método do diálogo das fontes vem complementar a teoria da eficácia dos direitos fundamentais, em especial a eficácia horizontal dos direitos fundamentais e mais especificamente a eficácia horizontal dos direitos fundamentais nas relações de trabalho, objeto de nossa presente reflexão (Almeida, 2015, p. 160).

O estudo do instituto jurídico da proteção à maternidade exige o enfrentamento de questões constitucionais e infraconstitucionais, sempre compromissadas com os direitos humanos fundamentais e, portanto, com a promoção da dignidade da pessoa humana, na condição de elementos integrativos da construção e definição de como oferecer tratamento jurídico à espécie.

2.2. A Proteção à Maternidade Enquanto Estabilidade

De acordo com Amauri Mascaro Nascimento, *"a maternidade merece proteção da legislação, por meio, entre outros, de dois princípios básicos, a estabilidade da gestante e a licença-maternidade"* (Nascimento, 2014, p. 1.562).

Antes de tratar dos contornos da estabilidade da gestante, propriamente, faz-se necessário o estudo do conceito da estabilidade dentro do Direito do Trabalho, que tem diferentes espécies e não é um tema exatamente uníssono na doutrina. E, para tratar da estabilidade, parte-se da sua distinção em relação ao conceito de garantia de emprego.

Não raro estabilidade e garantia de emprego são tratados como expressões sinônimas, o que não seria tecnicamente sustentável, como, para Vólia Bomfim, ao sustentar que "*a garantia de emprego é gênero do qual a estabilidade é espécie*" (Bomfim, 2022, p. 1.159).

A amplitude do gênero da garantia do emprego se justificaria por se tratar de política socioeconômica com o objetivo de promover os objetivos fundamentais da República Federativa do Brasil, especialmente aquele do art. 3º, III, da Constituição Federal de 1988, que consiste em "*erradicar a pobreza e a marginalização e reduzir as desigualdades sociais e regionais*", e os princípios gerais da atividade econômica, especialmente aqueles do art. 170, VII e VIII, da Constituição Federal de 1988, que consistem em "*redução das desigualdades regionais e sociais*" e "*busca do pleno emprego*". A estabilidade, por seu turno, seria justamente um dos mecanismos de consecução das políticas socioeconômicas inseridas na ideia de garantia de emprego, oriundo da legislação trabalhista:

> A garantia de emprego é gênero do qual a estabilidade é espécie. Toda medida praticada com o intuito de diminuir o desemprego, recolocar o trabalhador no mercado de trabalho, incentivar a admissão, desestimular a dispensa, obstar ou onerar a despedida arbitrária, capacitar o profissional no sentido de aproveitá-lo no mercado é considerada medida de garantia no emprego. A garantia de emprego é um instituto político-social-econômico, enquanto a estabilidade é um instituto trabalhista (Bomfim, 2022, p. 1.159).

No mesmo sentido, a doutrina destaca o conteúdo político da concepção de garantia de emprego:

> A expressão garantia de emprego poderia ser entendida, ainda, como um conjunto de políticas de defesa do emprego, não se restringindo à manutenção das relações de trabalho, mas estendendo-se, por exemplo, às medidas de sua proteção e incentivo, como no sentido de obter o primeiro emprego (Garcia, 2023, p. 609).

Sobre a estabilidade, propriamente, pode ser considerada uma espécie da garantia de emprego, pela qual o empregado tem o direito de permanecer no emprego, o que relativiza o direito potestativo de despedida pelo empregador, salvo nas hipóteses previstas expressamente na legislação aplicável: "*estabilidade no emprego é a garantia que o empregado tem de não ser despedido senão nas hipóteses previstas em lei ou no contrato. Esse direito atenua o poder potestativo do empregador de despedida*" (Bomfim, 2022, p. 1.160).

Outra contribuição para o entendimento do conceito de estabilidade se extrai da seguinte doutrina:

> Pode-se dizer que estabilidade, para fins justrabalhistas, consiste no direito que o empregado tem de permanecer no emprego, mesmo contra a vontade do empregador, salvo quando existir grave motivo que justifique a sua dispensa que torne incompatível a sua permanência na empresa ou no caso de força maior devidamente comprovada (Leite, 2023, p. 508-509).

Acrescenta-se que a estabilidade decorrente de contrato é excepcional na realidade das relações trabalhistas no Brasil, sendo incluída no referido instrumento apenas por vontade do empregador, visando a conceder proteção e benefícios especiais ao seu empregado:

> Pode ser estável, por outro lado, o empregado que for contemplado com este direito mediante cláusula prevista no contrato de trabalho, já que a lei não proíbe o empregador de conceder qualquer vantagem ao empregado. Convém frisar que esta espécie de estabilidade (contratual) constitui raridade no direito do trabalho pátrio (Leite, 2023, p. 509).

Partindo-se do conceito de estabilidade, existem algumas classificações de acordo com a especificidade de cada uma delas. De acordo com Vólia Bomfim, a estabilidade pode ser classificada pelo tipo ou forma, pela duração, pelo interesse e pelo procedimento da dispensa (Bomfim, 2022, p. 1.160).

No âmbito do tipo ou forma, as estabilidades podem ser, de um lado, absolutas ou reais, e de outro lado, relativas:

> De acordo com Arnaldo Süssekind, absolutas ou reais são as estabilidades em que o empregado só poderá ser dispensado por vontade do empregador mediante a prática comprovada de falta grave ou justa causa

> (motivo disciplinar). Relativa é a estabilidade que o empregado pode ser dispensado por motivos técnicos, financeiros, disciplinares ou econômicos (Bomfim, 2022, p. 1.160).

De acordo com Vólia Bomfim (2022, p. 1.161), Gustavo Filipe Barbosa Garcia (2023, p. 619) e Carlos Henrique Bezerra Leite (2023, p. 508), a estabilidade da gestante é classificada como do tipo ou forma relativa, ao passo que admite a dispensa por motivos técnicos, financeiros, disciplinares ou econômicos.

No que diz respeito à classificação da estabilidade pela duração, a estabilidade pode ser definitiva ou provisória:

> Definitiva é aquela estabilidade que garante o emprego até a morte do empregado, sua aposentadoria (qualquer de suas formas), extinção da empresa, morte do empregador pessoa física, culpa recíproca, justa causa ou pelos motivos contidos no parágrafo único do art. 165 da CLT, isto é, que não tem duração determinada (Bomfim, 2022, p. 1.162).

Em contraposição a isso, a estabilidade da gestante é tida como provisória, ou seja, tem um período de duração determinado, de acordo com o elemento que enseja o gozo do direito. No caso específico em análise, a gestante terá estabilidade provisoriamente, pelo tempo considerado pelo legislador como necessário para a sua proteção, do nascituro e da criança concebida.

Aliás, ao se comentar o período considerado pelo legislador como adequado para a proteção à maternidade, passa-se à análise da classificação da estabilidade da gestante quanto ao interesse, que pode ser altruísta, quando o interesse pertence a um grupo ou à própria sociedade, ou personalíssimo, quando o interesse está relacionado a uma condição especial do empregado, como é o caso da estabilidade da gestante.

Por derradeiro, a estabilidade pode ser classificada quanto ao procedimento de dispensa, se lhe é imprescindível a instauração de um inquérito judicial para que seja apurada a justa causa e, portanto, *ope judicis*, ou se essa formalidade não é necessária e, então, *ope legis*. O procedimento para dispensa em caso de estabilidade da gestante é *ope legis*, ao dispensar a instauração de inquérito judicial.

Em síntese, a estabilidade da gestante, que mitiga o poder potestativo de despedida pelo empregador, salvo nas hipóteses legalmente previstas, é classificada pela doutrina como relativa, provisória, personalíssima e *ope legis*.

2.3. A Proteção à Maternidade no ADCT e na CLT

Com o objetivo de garantir minimamente um sistema de proteção à maternidade a partir do texto constitucional, para evitar que uma suposta falta de regulamentação do art. 6º, *caput,* ou do art. 7º, XVIII, da Constituição Federal pudesse constituir óbice à plenitude do referido direito humano fundamental, o ADCT, no contexto da proteção à despedida arbitrária ou sem justa causa do art. 7º, I, do texto constitucional, que exige a promulgação de lei complementar, ocupou-se de tornar expressa a proibição da despedida arbitrária ou sem justa causa da empregada gestante:

> **Art. 10**. Até que seja promulgada a lei complementar a que se refere o art. 7º, I, da Constituição:
>
> (...)
>
> II – fica vedada a dispensa arbitrária ou sem justa causa:
>
> (...)
>
> *b)* da empregada gestante, desde a confirmação da gravidez até cinco meses após o parto.

O advento da Constituição Federal de 1988 trouxe novas premissas para a construção e interpretação do sistema jurídico de proteção à maternidade, entretanto o Decreto-lei n. 5.452, de 1º de maio de 1942, que aprovou a CLT, já trazia regras sobre a matéria e, mesmo após o texto constitucional, permanece vigente com relevantes dispositivos relacionados ao referido direito social.

O vocábulo "consolidação" é bastante relevante ao se analisar a CLT, já que a sua gênese foi justamente reunir diversos textos legais sobre as relações de trabalho, os quais, em regra, cuidavam de atividades específicas, enquanto outras tantas não tinham regramento correspondente:

> As leis trabalhistas cresceram de forma desordenada: eram esparsas, de modo que cada profissão tinha uma norma específica, critério que, além de prejudicar muitas outras profissões que ficaram de fora da proteção legal, pecava pela falta de sistema e pelos inconvenientes naturais dessa fragmentação (Nascimento, 2014, p. 176).

Com esses antecedentes, o propósito do governo era justamente oferecer um sistema com alguma organização e aceitável abrangência, para que o fenômeno social do trabalho tivesse abordagem jurídica compatível com a sua relevância, cujo fundamento é de inegável interesse público:

> A sistematização e consolidação das leis num único texto (CLT) integrou os trabalhadores no círculo dos direitos mínimos e fundamentais para uma sobrevivência digna. Além disso, proporcionou o conhecimento global dos direitos trabalhistas por todos os interessados, principalmente empregados e empregadores (Bomfim, 2022, p. 20).

É verdade que o dinamismo social influencia diretamente a atualização da legislação trabalhista, que não raro apresenta alguma incompatibilidade, aparente ou real, com as novas formas de organização do trabalho e, eventualmente, profissões outrora inexistentes que desafiam o sistema jurídico posto.

De qualquer forma, a CLT, enquanto norma infraconstitucional de maior relevância no Direito do Trabalho, permite a efetivação dos direitos humanos fundamentais, na sua vertente dos direitos sociais, como forma de promover a dignidade da pessoa humana:

> O universo social, econômico e cultural dos Direitos Humanos passa de modo lógico e necessário, pelo ramo jurídico trabalhista, à medida que este regula a principal modalidade de inserção dos indivíduos no sistema socioeconômico capitalista, cumprindo o papel de lhes assegurar um patamar civilizado de direitos e garantias jurídicas, que, regra geral, por sua própria força e/ou habilidade isoladas, não alcançariam.
>
> Ora, a conquista e afirmação da dignidade da pessoa humana não mais podem se restringir à sua liberdade e intangibilidade física e psíquica, envolvendo, naturalmente, também a conquista e afirmação de sua individualidade no meio econômico e social, com repercussões positivas conexas no plano cultural —, o que se faz, de maneira geral, considerado o conjunto mais amplo e diversificado das pessoas, mediante o trabalho e, particularmente, o emprego, normatizado pelo Direito do Trabalho (Delgado, 2019, p. 94).

Essas considerações sobre a CLT e o Direito do Trabalho, em uma concepção mais genérica e introdutória, permitem concluir que a compreensão das regras celetistas relativas ao direito social da proteção à maternidade é essencial para o seu estudo dentro das especificidades da Lei Geral do Esporte.

Analisando-se as previsões celetistas sobre a proteção à maternidade, verifica-se que muitas delas foram incorporadas ao longo do tempo, desde que houve a consolidação nos idos de 1943. Entre outros fatores que ensejaram o ajuste do texto legal, a evolução do papel da mulher na sociedade e os paradigmas constitucionais de 1988 influenciaram, de maneira contundente, o ordenamento jurídico.

No Título III da CLT, denominado "Das Normas Especiais de Tutela do Trabalho", está localizado o Capítulo III, que trata "Da Proteção do Trabalho da Mulher", com a Seção V, intitulada "Da Proteção à Maternidade".

Ao se analisarem as disposições relativas à proteção à maternidade na CLT, logo se constata que não há muito do texto original consolidado, uma vez que estão indicadas várias modificações trazidas pela produção legislativa majoritariamente posterior à Constituição Federal de 1988, que tratou, em profundidade, dos direitos humanos fundamentais.

Justamente nesse contexto de compatibilização e interlocução com o texto constitucional, alguns dispositivos celetistas, especialmente os arts. 391, 392, 393 e 395, devem ser analisados em conjunto com o art. 10, II, "*b*", do ADCT:

> A dispensa em desacordo com esse princípio é nula. A consequência da declaração da nulidade é a reintegração no emprego, continuando a proteção até o termo final da estabilidade. São assegurados também todos os direitos do contrato de trabalho do período, dentro da estabilidade, em que o empregador, imotivadamente, obstou o desenvolvimento do vínculo jurídico (Nascimento, 2014, p. 1.723).

Antes mesmo da promulgação da Constituição Federal de 1988, a CLT já trazia dispositivo correlato, que descaracterizava o matrimônio e a gravidez como hipótese de justa causa para a rescisão do contrato de trabalho:

> **Art. 391.** Não constitui justo motivo para a rescisão do contrato de trabalho da mulher o fato de haver contraído matrimônio ou de encontrar-se em estado de gravidez.
>
> **Parágrafo único.** Não serão permitidos em regulamentos de qualquer natureza contratos coletivos ou individuais de trabalho, restrições ao direito da mulher ao seu emprego, por motivo de casamento ou de gravidez.

O dispositivo transcrito evidencia traço da sociedade dos tempos da Consolidação no que diz respeito ao impacto do matrimônio na vida da mulher. Basta lembrar que o art. 6º, II, do Código Civil de 1916, vigente à época, dispunha que "*as mulheres casadas, enquanto subsistir a sociedade conjugal"*, eram relativamente incapazes para certos atos, ou à maneira de serem exercidos, o que perdurou até 1962.

Quando concebido o art. 391 da CLT, a noção que se tinha era que a mulher, ao contrair matrimônio, teria como caminho natural engravidar e, portanto, apresentar alguma restrição ao exercício pleno do seu trabalho. Isso é ainda mais latente quando se pensa na atividade desenvolvida pela atleta, que não consegue desempenhar a sua atividade se não estiver na plenitude da sua capacidade física e, ao mesmo tempo, dificilmente conseguirá compatibilizar o exercício de sua profissão sem colocar em risco a integridade do feto.

A regra celetista que afasta a caracterização da gravidez como justo motivo à rescisão do contrato de trabalho, bem como impede qualquer restrição ao emprego da mulher por essa razão, foi reforçada pelo art. 10, II, *"b"*, do ADCT, que foi posteriormente introduzido ao ordenamento jurídico pátrio, justamente na base do sistema. Ao tratar do art. 391 da CLT, explica a doutrina:

> Houve recepção qualificada dessa norma pelo art. 10, II, *"b"*, do ADCT, porquanto o art. 10, II, *"a"*, do ADCT dispõe que até que seja promulgada a lei complementar a que se refere o art. 7º, I, da Constituição, fica vedada a dispensa arbitrária ou sem justa causa, "da empregada gestante, desde a confirmação da gravidez até cinco meses após o parto" (Leite, 2023, p. 519).

Quando o art. 391 da CLT proíbe que seja invocada a gravidez como justo motivo para a rescisão do contrato de trabalho, embora seja uma disposição essencial, não necessariamente impediria que a empregada em estado de gravidez fosse dispensada sem justo motivo. Nesse sentido, o reforço oriundo do ADCT foi fundamental para proteger efetivamente a maternidade, impedindo que a trabalhadora tenha o seu contrato de trabalho rescindido, pela dispensa arbitrária ou sem justa causa, desde a confirmação da gravidez até cinco meses após o parto. Embora o presente estudo se dedique à maternidade, não se pode olvidar que a legislação igualmente almeja a proteção à infância.

Nesse contexto, a Lei n. 9.029, de 13 de abril de 1995, merece destaque, pois amplia a proteção à maternidade ao proibir quaisquer exigências de atestados de gravidez ou esterilização, desde o momento da admissão e mesmo durante a relação de trabalho, com a criminalização das condutas discriminatórias indesejadas.

Em alguns casos, a empregada tinha o estado de gravidez confirmado somente no período do aviso prévio, fosse trabalhado ou indenizado, deixando para a jurisprudência definir se o direito social da proteção à maternidade alcançaria as gestantes nesses casos específicos.

Para assegurar a efetividade do direito social, o legislador trouxe para si o enfrentamento do tema, inserindo o art. 391-A no texto consolidado, pela Lei n. 12.812, de 16 de maio de 2013. Algum tempo depois, a Lei n. 13.509, de 22 de novembro de 2017, tratou de incluir parágrafo único ao art. 391-A da CLT, para garantir o mesmo direito aos empregadores adotantes, no bojo da concessão da guarda provisória para fins de adoção. O resultado foi o seguinte:

> **Art. 391-A.** A confirmação do estado de gravidez advindo no curso do contrato de trabalho, ainda que durante o prazo do aviso prévio trabalhado ou indenizado, garante à empregada gestante a estabilidade provisória prevista na alínea *b* do inciso II do art. 10 do Ato das Disposições Constitucionais Transitórias. *(Incluído pela Lei n. 12.812, de 2013)*
>
> **Parágrafo único.** O disposto no *caput* deste artigo aplica-se ao empregado adotante ao qual tenha sido concedida guarda provisória para fins de adoção.

O advento da Constituição Federal de 1988 exigiu o estudo da compatibilidade da legislação infraconstitucional então vigente com as suas diretrizes, sob pena de revogação tácita, bem como a edição de novas regras para darem vida às premissas constitucionalmente estabelecidas.

Nesse sentido, o art. 7º, XVIII, da Constituição Federal, que garantiu às trabalhadoras a licença gestante com duração de cento e vinte dias, sem prejuízo do emprego e salário, embora não pudesse ter a eficácia condicionada à edição de legislação infraconstitucional, poderia ser mais efetivo e concreto a partir da atividade do legislador. E isso foi feito pelos arts. 392, 392-A, 392-B, 392-C e 393 da CLT:

> **Art. 392.** A empregada gestante tem direito à licença-maternidade de 120 (cento e vinte) dias, sem prejuízo do emprego e do salário. *(Redação dada pela Lei n. 10.421, de 15.04.2002) (Vide Lei n. 13.985, de 2020)*
>
> **§ 1º** A empregada deve, mediante atestado médico, notificar o seu empregador da data do início do afastamento do emprego, que poderá ocorrer entre o 28º (vigésimo oitavo) dia antes do parto e ocorrência deste. *(Redação dada pela Lei n. 10.421, de 15.04.2002) (Vide ADI 6327)*
>
> **§ 2º** Os períodos de repouso, antes e depois do parto, poderão ser aumentados de 2 (duas) semanas cada um, mediante atestado médico. *(Redação dada pela Lei n. 10.421, de 15.04.2002) (Vide ADI 6327)*
>
> **§ 3º** Em caso de parto antecipado, a mulher terá direito aos 120 (cento e vinte) dias previstos neste artigo. *(Redação dada pela Lei n. 10.421, de 15.04.2002)*

§ 4º É garantido à empregada, durante a gravidez, sem prejuízo do salário e demais direitos: *(Redação dada pela Lei n. 9.799, de 26.05.1999)*

I – transferência de função, quando as condições de saúde o exigirem, assegurada a retomada da função anteriormente exercida, logo após o retorno ao trabalho; *(Incluído pela Lei n. 9.799, de 26.05.1999)*

II – dispensa do horário de trabalho pelo tempo necessário para a realização de, no mínimo, seis consultas médicas e demais exames complementares.

Art. 392-A. À empregada que adotar ou obtiver guarda judicial para fins de adoção de criança ou adolescente será concedida licença-maternidade nos termos do art. 392 desta Lei. *(Redação dada pela Lei n. 13.509, de 2017)*

§ 4º A licença-maternidade só será concedida mediante apresentação do termo judicial de guarda à adotante ou guardiã. *(Incluído pela Lei n. 10.421, de 15.04.2002)*

§ 5º A adoção ou guarda judicial conjunta ensejará a concessão de licença-maternidade a apenas um dos adotantes ou guardiães empregado ou empregada. *(Incluído pela Lei n. 12.873, de 2013)*

Art. 392-B. Em caso de morte da genitora, é assegurado ao cônjuge ou companheiro empregado o gozo de licença por todo o período da licença-maternidade ou pelo tempo restante a que teria direito a mãe, exceto no caso de falecimento do filho ou de seu abandono. *(Redação dada pela Lei n. 12.873, de 2013)*

Art. 392-C. Aplica-se, no que couber, o disposto no art. 392-A e 392-B ao empregado que adotar ou obtiver guarda judicial para fins de adoção. *(Incluído pela Lei n. 12.873, de 2013)*

Art. 393. Durante o período a que se refere o art. 392, a mulher terá direito ao salário integral e, quando variável, calculado de acordo com a média dos 6 (seis) últimos meses de trabalho, bem como os direitos e vantagens adquiridos, sendo-lhe ainda facultado reverter à função que anteriormente ocupava.

À exceção do Decreto-lei n. 229, de 28 de fevereiro de 1967, a redação restante dos arts. 392, 392-A, 392-B, 392-C e 393 da CLT é resultado da Lei n. 9.799, de 26 de maio de 1999, da Lei n. 10.421, de 15 de abril de 2002, da Lei n. 12.873, de 24 de outubro de 2013, da Lei n. 13.509, de 22 de novembro de 2017, e da Lei n. 13.985, de 7 de abril de 2020, todas posteriores ao texto constitucional de 1988.

Os referidos dispositivos cuidam de trazer o detalhamento da licença à gestante, enquanto direito social constitucionalmente estabelecido. O art. 392 da CLT basicamente reproduz o art. 7º, XVIII, da Constituição Federal, ao prever o direito à licença-maternidade, sem qualquer prejuízo ao emprego e ao salário, pelo prazo de cento e vinte dias.

Os parágrafos do art. 392 da CLT esclarecem que o início do período da licença-maternidade ocorrerá a partir da notificação do empregador mediante atestado médico, entre o vigésimo oitavo dia antes do parto e o parto, propriamente, e que a antecipação do parto não prejudica o direito aos cento e vinte dias.

As orientações médicas têm relevância no texto da lei, visto que o período de repouso prévio ou posterior ao parto poderá ser aumentado em duas semanas, desde que apresentado o respectivo atestado médico.

A controvérsia que se extrai da leitura da previsão constitucional e das regras celetistas sobre a garantia de emprego é o momento da confirmação da gravidez, já que essa ideia pode ser interpretada como não necessariamente coincidente com a concepção e, não bastasse, a forma pela qual é feita a confirmação é igualmente equívoca, embora a prática e os precedentes tenham indicado a apresentação do atestado médico como meio adequado. Sobre as diferentes convicções em relação à confirmação da gravidez:

> Há divergência doutrinária e jurisprudencial acerca da interpretação do termo "desde a confirmação da gravidez" para fins de aquisição pela empregada da garantia provisória no emprego. Para alguns, significa desde o momento em que a empregada comunica a sua gravidez ao empregador; outros sustentam que é a partir do instante em que a empregada faz prova da gravidez mediante atestado médico; existem, ainda, os defensores da tese de que o desconhecimento da gravidez pelo empregador no momento em que este dispensa a empregada grávida desobriga a gestante do direito previsto na citada norma constitucional. A cizânia perpassa também pelo enfoque da responsabilidade patronal, ou seja, se a responsabilidade é objetiva ou subjetiva (Leite, 2023, p. 519-520).

No mesmo sentido, a doutrina de Vólia Bomfim reconhece a divergência jurisprudencial em torno da definição de confirmação da gravidez, ao afirmar que "*não há unanimidade na doutrina e na jurisprudência quanto à data do início da estabilidade da gestante, já que o art. 10, II,* b, *do ADCT menciona como início a confirmação da gravidez, sem especificar se esta deve ou não ocorrer na vigência do pacto*" (Bomfim, 2023, p. 1.179).

Detectada a divergência que é trazida pelo texto da lei, propõe-se solução a partir do tratamento que há de ser dado ao instituto jurídico da proteção à maternidade, considerando-se a sua relevância, a natureza da norma e os princípios do direito do trabalho:

> No entanto, interpretando-se a disposição constitucional, verifica-se que o direito surge a partir da "confirmação" da gravidez, o que deve

ser interpretado de forma ampla e benéfica à gestante, por se tratar de norma de proteção, inclusive em conformidade com o princípio do *in dubio pro operario*, já estudado anteriormente. Desse modo, entende-se que a referida confirmação significa a existência da gravidez, ou seja, em termos médicos e científicos, o momento inicial da gestação (Garcia, 2023, p. 621).

Dentro das controvérsias e propostas de solução trazidas pela doutrina, como fruto da subjetividade que pode ser atribuída ao texto legal, a jurisprudência do Tribunal Superior do Trabalho editou a Súmula n.244:

> **Súmula n. 244 do TST**
>
> **GESTANTE. ESTABILIDADE PROVISÓRIA** (redação do item III alterada na sessão do Tribunal Pleno realizada em 14.09.2012) – Res. 185/2012, *DEJT* divulgado em 25, 26 e 27.09.2012
>
> I – O desconhecimento do estado gravídico pelo empregador não afasta o direito ao pagamento da indenização decorrente da estabilidade (art. 10, II, *"b"* do ADCT).
>
> II – A garantia de emprego à gestante só autoriza a reintegração se esta se der durante o período de estabilidade. Do contrário, a garantia restringe-se aos salários e demais direitos correspondentes ao período de estabilidade.
>
> III – A empregada gestante tem direito à estabilidade provisória prevista no art. 10, inciso II, alínea *"b"*, do Ato das Disposições Constitucionais Transitórias, mesmo na hipótese de admissão mediante contrato por tempo determinado.

As controvérsias em torno da confirmação da gravidez incluem o desconhecimento da gestante sobre o estado gravídico, especialmente quando se trata de uma gestação não planejada. Se a mulher não está esperando engravidar ou não tenha identificado qualquer sinal fisiológico que possa remeter ao estado gravídico, provavelmente não fará um teste para obter a confirmação. Entretanto a proteção à maternidade é um direito social, que constitui elemento da dignidade da pessoa humana, devendo ser implementado de maneira ampla, e não restritiva. A mulher e seu filho não podem ser prejudicados pela não identificação contemporânea do estado gravídico ou pelo fato de que o empregador não conheça essa informação, e esse foi o entendimento consagrado pela Súmula n. 244 do Tribunal Superior do Trabalho.

Logo no inciso I da Súmula n. 244 do Tribunal Superior do Trabalho, consta, justamente, que "*o desconhecimento do estado gravídico pelo empregador não afasta o direito ao pagamento da indenização decorrente da estabilidade*", havendo menção ainda, entre parênteses, ao art. 10, II, "*b*", do ADCT, justamente para que fique superada qualquer divergência sobre o alcance do vocábulo "confirmação": "*a responsabilidade do empregador no caso, quanto a essa ciência do estado de gravidez, é objetiva*" (Garcia, 2023, p. 621). Ainda sobre o tema:

> A jurisprudência majoritária adotou, a nosso sentir, a tese da responsabilidade objetiva pelo fato da gravidez. Vale dizer, o que importa ao intérprete, *in casu*, é verificar se no momento da dispensa a empregada encontrava-se em estado gravídico ou não, já que, nos termos do item I da Súmula n. 244 do TST, o "o desconhecimento do estado gravídico pelo empregador não afasta o direito ao pagamento da indenização decorrente da estabilidade" (ADCT, art. 10, II, "*b*") (Leite, 2023, p. 520).

Com o intuito de ampliar a proteção à maternidade, a Lei n. 11.770, de 9 de setembro de 2008, criou o Programa Empresa Cidadã, pelo qual foi introduzida no ordenamento jurídico brasileiro a possibilidade de benefício fiscal para as empresas que prorrogassem por mais 60 (sessenta) dias o prazo da licença à gestante originalmente estabelecido em 120 (cento e vinte) dias pelo art. 7º, XVIII, da Constituição Federal. O referido diploma normativo também trata da licença-paternidade, mas esse assunto não é objeto deste estudo.

Nota-se que a Lei n. 11.770/2008 se utiliza da expressão "licença-maternidade", embora faça referência expressa ao art. 7º, XVIII, da Constituição Federal, que faz uso do termo "licença à gestante", entretanto ambos são tratados como sinônimos, sem qualquer prejuízo à sua adequada interpretação e aplicação.

A efetiva prorrogação exige que a empregada da empresa que aderiu ao Programa Empresa Cidadã requeira o período adicional até o final do primeiro mês do parto, sendo concedido imediatamente após o término do período da licença-maternidade, nos termos do art. 1º, I, § 1º, I, da Lei n. 11.770/2008. Durante o período de prorrogação, a empregada não pode exercer atividade remunerada, e a criança deve ficar sob seus cuidados, para não desnaturar o propósito da extensão:

> **Art. 1º** É instituído o Programa Empresa Cidadã, destinado a prorrogar:
>
> I – por 60 (sessenta) dias a duração da licença-maternidade prevista no inciso XVIII do *caput* do art. 7º da Constituição Federal;
>
> (...)
>
> **§ 1º** A prorrogação de que trata este artigo:

I – será garantida à empregada da pessoa jurídica que aderir ao Programa, desde que a empregada a requeira até o final do primeiro mês após o parto, e será concedida imediatamente após a fruição da licença-maternidade de que trata o inciso XVIII do *caput* do art. 7º da Constituição Federal;

Com objetivo de internalizar indicativo jurisprudencial, a Lei n. 11.770/2008 foi modificada pela Lei n. 13.257, de 8 de março de 2016, para incluir a previsão de que os mesmos direitos de prorrogação aos empregados que adotarem ou obtiverem guarda judicial para fins de adoção de criança.

Uma alternativa concedida às empresas participantes do Programa Empresa Cidadã em relação à prorrogação da licença à gestante, consiste em "*substituir o período de prorrogação da licença-maternidade de que trata o inciso I do* caput *do art. 1º desta Lei pela redução de jornada de trabalho em 50% (cinquenta por cento) pelo período de 120 (cento e vinte) dias*", desde que mantido o salário integral pelo respectivo período e desde que haja acordo individual celebrado entre a empregada e o empregador, tudo de acordo com o art. 1º-A da Lei n. 11.770/2008.

Em contrapartida à prorrogação da licença à gestante, o art. 5º da Lei n. 11.770/2008 prevê que "*a pessoa jurídica tributada com base no lucro real poderá deduzir do imposto devido, em cada período de apuração, o total da remuneração integral da empregada e do empregado pago nos dias de prorrogação de sua licença-maternidade e de sua licença-paternidade*".

Outra medida jurídica de reforço da proteção à maternidade, especificamente para ampliar o período da licença-maternidade para cento e oitenta dias às mães de crianças acometidas pela Síndrome Congênita do Zika Vírus, foi introduzida ao ordenamento jurídico pela Lei n. 13.985/2020:

> A Lei n. 13.985/2020 dispõe que, no caso de mães de crianças nascidas até 31 de dezembro de 2019 acometidas por sequelas neurológicas decorrentes da Síndrome Congênita do Zika Vírus, a licença-maternidade de que trata o art. 392 da CLT será de 180 (cento e oitenta) dias e, consequentemente, o salário-maternidade de que trata o art. 71 da Lei n. 8.213/1991 será devido por 180 (cento e oitenta) dias (Leite, 2023, p. 549).

Como regra, espera-se que o destino da mulher que se encontre grávida seja o nascimento do filho, com a incidência das regras da licença-maternidade. Não obstante, é possível que a gestante sofra aborto não criminoso, cujo tratamento legal é a concessão de repouso remunerado de duas semanas, de acordo com o art. 395 da CLT:

> **Art. 395.** Em caso de aborto não criminoso, comprovado por atestado médico oficial, a mulher terá um repouso remunerado de 2 (duas) semanas, ficando-lhe assegurado o direito de retornar à função que ocupava antes de seu afastamento.

As premissas de que a empregada gestante não pode ter qualquer prejuízo ao salário e demais direitos são reforçadas no § 4º do art. 392 da CLT, para garantir que, durante a gravidez, a empregada pode ser transferida de função, quando exigido pelas condições de saúde, com o direito de retomar a função anterior por ocasião do retorno ao trabalho, bem como o direito de ser dispensada do horário de trabalho pelo tempo que for necessário à realização de seis consultas médicas e demais exames complementares, no mínimo.

A licença-maternidade prevista no *caput* do art. 392 da CLT é garantida às empregadas adotantes ou que obtiverem a guarda judicial para fins de adoção de criança ou adolescente, exigindo-se a apresentação do respectivo termo judicial de guarda à adotante ou guardiã. De acordo com Carlos Henrique Bezerra Leite, essas diretrizes do art. 392-A da CLT constituem *"regra de relevante interesse social"* (Leite, 2023, p. 549).

Para os casos em que ocorre a morte da genitora, o art. 392-B da CLT transmite o direito à licença-maternidade ao cônjuge ou companheiro empregado, por todo o tempo ou pelo tempo restante a que faria jus a mãe, salvo nos casos de falecimento ou abandono do filho. Da mesma forma que ocorre na licença-maternidade do art. 392, *caput,* da CLT, essa hipótese de falecimento se aplica, no que couber, "*ao empregado que adotar ou obtiver guarda judicial para fins de adoção*", como dispõe o art. 392-C da CLT.

A legislação trabalhista demonstra que não existe apenas uma forma de pagamento de salário de um empregado, ou seja, o destinatário da licença-maternidade não necessariamente recebe salário fixo, mas também salário variável. Para dar efetividade ao direito à manutenção do salário no contexto da confirmação do estado de gravidez até o período posterior ao parto, o art. 393 da CLT cria regra sobre como apurar o salário que será utilizado como parâmetro quando o contrato de trabalho o estabelecer na forma variável:

> Ainda durante o período de licença-maternidade, a empregada mulher terá direito ao salário integral e, quando variável, calculado de acordo

com a média dos 6 (seis) últimos meses de trabalho, bem como os direitos e vantagens adquiridos, sendo-lhe ainda facultado reverter à função que anteriormente ocupava (CLT, art. 393) (Leite, 2023, p. 549).

Com o objetivo de proteger a maternidade e a própria criança, o art. 394 da CLT permite que a empregada apresente atestado médico com a comprovação de que o desempenho de sua função é prejudicial à gestação, sendo autorizada a se despedir sem justa causa, com a dispensa do aviso prévio.

O art. 394-A da CLT apresenta uma variação do direito concedido às gestantes no art. 394 da CLT acima analisado. Mantida a remuneração, incluindo-se adicional de insalubridade, a empregada deverá ser afastada de atividades consideradas insalubres em grau máximo, médio ou mínimo, enquanto durar a gestação e a lactação. Quando não for possível que a gestante exerça as suas funções em local salubre, o caso será enquadrado como gravidez de risco, ensejando a percepção de salário-maternidade durante todo o período de afastamento, de acordo com a Lei n. 8.213, de 24 de julho de 1991.

Como contrapartida à empresa, que deve pagar o adicional de insalubridade à gestante ou lactante, é permitida a compensação por ocasião do recolhimento das contribuições incidentes sobre a folha de salários e demais rendimentos pagos ou creditados a pessoa física que lhe preste serviços, a qualquer título.

Na parte derradeira da seção celetista que se destina ao direito social da proteção à maternidade, entre os arts. 396 e 400, o protagonismo fica para a fase da amamentação.

Para amamentar o filho, ainda que decorrente de adoção, até que complete seis meses de idade ou até que as orientações médicas recomendem, a mulher tem o direito de dois descansos especiais de meia hora cada, durante a jornada de trabalho, a ser pactuado individualmente com o empregador, de acordo com o art. 396 da CLT. No mesmo contexto, o art. 400 da CLT determina que os locais de guarda dos filhos das empregadas durante a amamentação devem ter um berçário, uma saleta de amamentação, uma cozinha dietética e uma instalação sanitária, como estrutura mínima.

Com o objetivo de melhorar a compatibilidade da maternidade com o trabalho, o art. 397 da CLT dispõe que o SESI, o SESC, a LBA e outras entidades públicas que se destinem à assistência à infância mantenham ou subvencionem escolas maternais e de jardim de infância, especialmente em locais com maior densidade de trabalhadores, priorizando as mulheres empregadas. Ao mesmo tempo, o art. 399

da CLT estimula os empregadores a organizarem creches e instituições de proteção aos menores em idade pré-escolar, mediante a diplomação de benemerência, a ser concedida pelo Ministério do Trabalho, Indústria e Comércio.

Por derradeiro, o art. 400 da CLT prevê que os locais destinados à guarda dos filhos das empregadas durante o período de amamentação preencham requisitos mínimos, como possuir "*um berçário, uma saleta de amamentação, uma cozinha dietética e uma instalação sanitária*".

As normas gerais de proteção à maternidade estabelecidas pela CLT se aplicam a todos os trabalhadores, inclusive às atletas, embora a especificidade da profissão possa prejudicar a sua efetividade ou, até mesmo, sugerir alguma incompatibilidade.

Não parece ser questionável a proibição de dispensa por justo motivo da atleta em caso de estado gravídico, ou mesmo qualquer restrição no seu direito ao emprego, como dispõe o art. 391 da CLT.

Já em relação ao período de repouso ou licença-maternidade, é provável que os limites estabelecidos pela CLT não sejam exatamente factíveis para a profissão da atleta, uma vez que a exigência física da atividade pode recomendar um período maior sem o exercício da profissão, mas isso não pode prejudicar o recebimento de salários, para a efetividade do direito social. O art. 394-A da CLT trouxe a previsão de afastamento da empregada gestante ou lactante cuja atividade seja considerada insalubre, como uma condição especial de inatividade em razão da especificidade do trabalho, hipótese em que receberá o salário-maternidade a ser pago pelo Regime Geral de Previdência Social durante todo o período de afastamento — embora a atividade de atleta não seja insalubre, parece constituir situação peculiar a exigir proteção diferenciada em relação à regra geral, como acontece no contexto da insalubridade.

Sobre as regras que se referem à amamentação, as regras gerais celetistas definem períodos de descansos especiais de meia hora durante a jornada de trabalho, nos quais a mulher terá o direito de amamentar. No esporte, os limites estabelecidos precisam de alguma adaptação, pois a jornada de trabalho não costuma seguir o padrão das oito horas diárias e existem determinados momentos, como durante uma partida de futebol, de basquetebol ou de voleibol, em que fica bastante complicada a compatibilização dos tais descansos para amamentação. É de muita importância às atletas a possibilidade prevista no § 2º do art. 396 no sentido de que os horários de descanso "*deverão ser definidos em acordo individual entre a mulher e o empregador*".

Ainda que existam alguns desafios na aplicação das normas gerais às atletas, pelas peculiaridades da atividade esportiva, as especificidades não podem constituir, jamais, salvo-conduto para desrespeitar ou sequer mitigar a proteção à maternidade estabelecida constitucionalmente como um direito social.

Nesse contexto de que as especificidades podem causar alguma dúvida na aplicação das regras gerais de proteção à maternidade às atletas, evidentemente que a lei especial pode oferecer soluções adaptativas para a espécie que lhe é objeto, ou seja, a legislação desportiva teria a função de criar normas de proteção à maternidade compatíveis com a atividade das atletas, cuja exigência física é extremamente relevante. Outra hipótese para a compatibilização das regras de proteção à maternidade no contexto do esporte seria a negociação coletiva, mas ainda são desconhecidas iniciativas nessa seara.

Ainda que o advento da Lei Geral do Esporte tenha trazido disposições específicas sobre a proteção à maternidade das atletas, as normas gerais não podem, em hipótese alguma, ser excluídas do seu patrimônio jurídico, mas compreendidas de maneira sistêmica, pelo método do diálogo das fontes, para a plena, efetiva, ampla e abrangente proteção do direito social, sempre pautadas pelas diretrizes estabelecidas na Constituição Federal de 1988.

2.4. A Previdência Social e o Salário-Maternidade

A análise histórica das regras concebidas para oferecer proteção à maternidade, notadamente aquelas contidas nas Convenções da OIT, demonstrou que o excesso de restrições outrora estabelecidas tinha, como feito, uma espécie de discriminação criada pela legislação.

Embora fossem nobres os objetivos de criar condições especiais para o trabalho das mulheres no contexto da maternidade, o resultado era que os empregadores preferiam não as contratar, preferindo a admissão de homens, para que estivessem sempre prontos para prestarem os seus serviços, sem os riscos e limitações de uma gestação.

Não demorou para que essa discriminação criada pela legislação fosse identificada e, então, para corrigir o equívoco, houve a revogação de determinados dispositivos, mantendo incólume a proteção à maternidade, puramente, sem maiores restrições.

Certamente uma das mais significativas fontes dos problemas identificados era a obrigação de manutenção do pagamento da remuneração das trabalhadoras mulheres durante o período da maternidade. Se o empregador fosse obrigado a manter a remuneração às suas próprias expensas, estava construída a barreira à contratação das mulheres.

Justamente por esse motivo, as regras passaram a transferir a obrigação do pagamento da remuneração das trabalhadoras nos períodos de licença-maternidade e em alguns casos de afastamento aos órgãos de seguridade social. No Brasil, o respectivo órgão é o Instituto Nacional de Seguridade Social (INSS), cujos benefícios oferecidos são regulamentados pela Lei n. 8.213, de 24 de julho de 1991, incluindo-se o salário-maternidade:

> É esta a lei que garante à gestante o recebimento de um salário maternidade, em valor igual ao da sua remuneração integral, segundo a disposição conjunta do estabelecido nos arts. 71 e 72 da referida lei. Este rendimento deverá ser pago pela Previdência Social pelo período de cento e vinte dias (120), iniciando-se no lapso entre 28 (vinte e oito) dias antes e até o dia do parto (Bellini, 2021, p. 23).

De acordo com o art. 18, I, *"g"*, da Lei n. 8.213/1991, o Regime Geral de Previdência Social compreende determinadas prestações traduzidas em benefícios e serviços, incluindo-se justamente o salário-maternidade, ao qual são destinados diversos dispositivos, frequentemente ajustados para a adaptação da legislação às exigências da sociedade.

Com objetivo de retirar o ônus financeiro do empregador, que acabaria por desestimular a contratação de mulheres, as trabalhadoras seguradas da Previdência Social têm o direito de receber o salário-maternidade, pago diretamente pela própria Previdência Social, "*durante 120 (cento e vinte) dias, com início no período entre 28 (vinte e oito) dias antes do parto e a data de ocorrência deste, observadas as situações e condições previstas na legislação no que concerne à proteção à maternidade*", sem qualquer carência em relação ao tempo de contribuição e sem qualquer limitação em relação ao salário de benefício, ou seja, com a manutenção da integralidade do salário, conforme os arts. 26, VI, 28, 71, 72 e 73 da Lei n. 8.213/1991.

Apesar de a Previdência Social ser responsável pelo pagamento do salário-maternidade, é importante ressaltar que a dinâmica desse processo difere das demais formas de pagamento. Em vez de creditar o valor diretamente na conta bancária do beneficiário, a seguridade social realiza a compensação da quantia por meio do recolhimento das contribuições incidentes sobre a folha de salários e demais rendimentos ao prestador de serviços. Em outras palavras, o empregador assume a responsabilidade de efetuar o pagamento do salário-maternidade, descontando esse montante dos recolhimentos devidos à Previdência Social. É necessário reforçar também que o empregador deve manter todos os documentos que comprovam os pagamentos e a condição de maternidade por um período de 10 (dez) anos.

No caso das trabalhadoras avulsas e das empregadas de microempreendedores individuais, o pagamento do benefício do salário-maternidade é feito diretamente pelo Instituto Nacional do Seguro Social (INSS). Da mesma forma, é previsto que o valor a ser pago não seja inferior ao salário-mínimo. Sendo assim, o INSS realizará o pagamento direto do salário-maternidade das empregadas domésticas, seguradas especiais e demais seguradas, além das seguradas desempregadas que se mantenham na condição de seguradas. Sobre a sistemática de pagamentos do salário-maternidade pela Previdência Social:

> A legislação prevê duas sistemáticas distintas de entrega das respectivas prestações: por uma delas, o pagamento é feito diretamente pela Previdência Oficial à segurada; pela outra, ele é efetivado pelo próprio empregador, que, em seguida, procede à compensação contábil em face do conjunto de recolhimentos previdenciários a serem feitos no respectivo período. A primeira sistemática sempre se aplicou à empregada doméstica (e ainda prevalece), desde sua inserção no sistema previdenciário; aplicou-se, a partir de fins da década de 1990, por curto período (de novembro de 1999 até agosto de 2003, em face da mudança trazida à Lei n. 8.213/91 pela Lei n. 9.976, de 26.11.99) a todas as demais obreiras beneficiárias do salário-maternidade (empregadas e trabalhadoras avulsas). Desde setembro de 2003 (Lei n. 10.710, de 05.08.03, alterando, mais uma vez, a Lei n. 8.213/91), o pagamento direto pelo INSS atinge às seguintes obreiras vinculadas ao Direito do Trabalho: doméstica, avulsa e empregada adotante de criança ou que obtiver sua guarda judicial para fins de adoção (Delgado, 2014, p. 850).

Pela Lei n. 12.873, de 24 de outubro de 2013, houve a inclusão dos arts. 71-A, 71-B e 71-C da Lei n. 8.213/1991, que estenderam o benefício do salário-maternidade aos segurados que adotarem ou obtiverem a guarda judicial para fins de adoção de criança, pelo período de 120 (cento e vinte) dias, desde que haja o efetivo afastamento do trabalho ou da atividade desempenhada. Como regra, o benefício do salário-maternidade será concedido a um segurado apenas, embora, em alguns casos, cônjuges e companheiros que movem processos de adoção e guarda possam, eventualmente, ostentar a condição de segurado. A limitação não se aplica quando um dos beneficiários for a mãe biológica ou tiver ocorrido o falecimento do segurado que fizer jus ao recebimento do benefício.

Todo o sistema legalmente previsto para o pagamento do salário-maternidade direta ou indiretamente pela Previdência Social é plenamente aplicável ao caso das atletas. Ao mesmo tempo em que o salário-maternidade é um instrumento que promove o direito social da proteção à maternidade, constitui, igualmente, uma proteção ao empregador, que não fica exposto ao ônus financeiro de pagar uma trabalhadora sem a contraprestação dos serviços pactuados, reforçando-se a necessidade de que mantenham as contratações devidamente formalizadas para inserção na proteção social do Estado.

2.5. A Proteção à Maternidade na Lei Geral do Esporte

A Constituição Federal de 1988 e a CLT trouxeram importantes diretrizes para a promoção do direito social de proteção à maternidade, observando-se a sua condição de elemento da dignidade da pessoa humana. Entretanto, a existência de normas gerais nem sempre plenamente compatíveis com a atividade esportiva e o silêncio da Lei Zico e da Lei Pelé sobre o assunto traziam questionamentos sobre o exercício do direito de proteção à maternidade pelas atletas.

É verdade que a presença da proteção à maternidade no texto constitucional já seria suficiente para que esse direito fosse invocado por todas as atletas, o que se reforça pela existência das normas gerais celetistas, entretanto serão sempre elogiáveis todas as iniciativas de ampliar o respaldo legal aos direitos humanos fundamentais, especialmente no contexto dos desafios enfrentados pelas mulheres para a sua plena inserção no esporte:

> A luta das mulheres por valorização e inclusão social é secular. No esporte não é diferente. As mudanças foram paulatinas e longos anos se passaram até que as mulheres começassem a conquistar seu espaço no mundo do desporto.
>
> Houve considerável avanço nas últimas décadas, com um aumento expressivo da participação feminina neste mercado de trabalho. Por outro lado, o cenário atual ainda se encontra longe do que se considera ideal, se compararmos com o tratamento dado ao esporte masculino (Lockmann, 2016, p. 155).

Não é despiciendo lembrar que as barreiras impostas às mulheres no esporte não são uma exclusividade desse fenômeno social. O esporte está inserido na sociedade, e as suas mazelas normalmente são as mesmas que se identificam nos demais setores:

> A relação da mulher com o esporte nunca foi algo simples, sem lutas ou sem a quebra de barreiras ou paradigmas. Aliás, a própria relação da mulher com a sociedade também se deu da mesma forma, motivo pelo qual não se pode falar em uma mulher atleta, treinadora, gestora ou líder, sem que sejam também levadas em conta as lutas das mulheres pelo reconhecimento de seu próprio valor. Daí as coisas acabarem por se misturar (Bini, 2017, p. 31).

Aliás, embora tenha conquistado bastante espaço atualmente pelas mudanças sociais recentes, o debate sobre as mulheres no esporte não é um tema exatamente novo, visto que João Lyra Filho já dizia que "*(a) revisão deste século é no sentido de fortalecer-se o número e a qualidade dos direitos fundamentais da mulher*" (Lyra Filho, 1952, p. 53).

A Lei n. 14.597, de 14 de junho de 2023, conhecida como a Lei Geral do Esporte, não conseguiu completar um mês de vigência sem que o seu texto originalmente sancionado fosse objeto de modificação, já que a Lei n. 14.614, de 3 de julho de 2023, incumbiu-se de incluir um parágrafo único ao art. 53, bem como de adicionar o art. 53-A ao texto legal.

Embora a modificação de uma lei em tão pouco tempo não seja algo exatamente desejável, não se pode negar que os ajustes realizados são relevantes no sentido de reforçar a proteção à maternidade pela legislação infraconstitucional, considerando-se situações específicas do esporte.

De qualquer forma, antes de tratar dos dispositivos da Lei Geral do Esporte diretamente relacionados à proteção à maternidade, é oportuno reforçar o conteúdo do seu art. 70, que fixa a premissa do primado da proteção do trabalho e da garantia dos direitos sociais do trabalhador esportivo:

> **Art. 70.** No nível da excelência esportiva, as relações econômicas que advêm da prática do esporte devem basear-se nas premissas do desenvolvimento social e econômico e no primado da proteção do trabalho, da garantia dos direitos sociais do trabalhador esportivo e da valorização da organização esportiva empregadora.

Se as premissas do primado da proteção do trabalho e da garantia dos direitos sociais do trabalhador esportivo já seriam suficientes para contemplar a proteção à maternidade e todos os seus contornos às relações de trabalho no esporte, a Lei Geral do Esporte especifica a aplicabilidade de outras fontes normativas, como a própria CLT, ao dispor:

> **Art. 72.** A profissão de atleta é reconhecida e regulada por esta Lei, sem prejuízo das disposições não colidentes contidas na legislação vigente, no respectivo contrato de trabalho ou em acordos ou convenções coletivas.
>
> **Parágrafo único.** Considera-se atleta profissional o praticante de esporte de alto nível que se dedica à atividade esportiva de forma remunerada e permanente e que tem nessa atividade sua principal fonte de renda por meio do trabalho, independentemente da forma como recebe sua remuneração.

Não existe, nem poderia existir, qualquer dispositivo na Lei Geral do Esporte que contrarie as disposições constitucionais sobre a proteção à maternidade, materializadas pelos artigos correlatos da CLT, concluindo-se pela plena aplicação daqueles preceitos às relações de trabalho no esporte.

O que fez a Lei Geral do Esporte, entretanto, foi adicionar elementos ao conteúdo jurídico vigente de proteção à maternidade, por se tratar de um tema especialmente relevante e delicado para as atletas, que dependem diretamente da sua condição física para o exercício da sua profissão. A gestação e a maternidade trazem impactos, inequivocamente, ao corpo da atleta, que consiste no seu instrumento de trabalho. Não seria desarrazoado afirmar que as atletas necessitam de proteção ainda mais especial no contexto da gestação e da maternidade do que mulheres que atuam em outras áreas.

Aliás, a Lei Geral do Esporte foi antecedida pelo Decreto n. 11.458, de 30 de março de 2023, que instituiu a "Estratégia Nacional para o Futebol Feminino", estabelecendo como diretriz, logo no inciso IV do art. 2º, "*o respeito aos direitos protetivos da gravidez e da maternidade*". Não obstante a diretriz tenha caráter genérico, o fato é que o assunto está na pauta e deve ser discutido no âmbito do esporte.

A relevância de se proteger as mulheres no esporte, ainda que de maneira abrangente e não diretamente relacionada à maternidade, também é abordada pelo art. 3º, § 3º, da Lei Geral do Esporte, incluído em seção denominada "Do Direito Fundamental do Esporte":

> **Art. 3º** Todos têm direito à prática esportiva em suas múltiplas e variadas manifestações.

> **§ 1º** A promoção, o fomento e o desenvolvimento de atividades físicas para todos, como direito social, notadamente às pessoas com deficiência e às pessoas em vulnerabilidade social, são deveres do Estado e possuem caráter de interesse público geral.
>
> **§ 2º** (VETADO).
>
> **§ 3º** É direito da mulher, em qualquer idade, ter oportunidades iguais de participar em todos os níveis e em todas as funções de direção, de supervisão e de decisão na educação física, na atividade física e no esporte, para fins recreativos, para a promoção da saúde ou para o alto rendimento esportivo.

Constata-se que o texto da Lei Geral do Esporte acima reproduzido constitui reprodução quase que integral do art. 1.4 da Carta Internacional da Educação Física, da Atividade Física e do Esporte, publicada originalmente em 1978 pela Organização das Nações Unidas para a Educação, Ciência e Cultura (UNESCO).

> **Art. 1.4.** É um direito de toda menina e de toda mulher ter oportunidades iguais de participar em todos os níveis e funções de supervisão e decisão na educação física, na atividade física e no esporte, seja para fins recreativos, para a promoção da saúde ou para o alto rendimento esportivo.

Ao garantir a todos o direito à prática esportiva, a Lei Geral do Esporte pretende que, individualmente, respeitando-se as condições e aspirações de cada pessoa, seja possível praticar o esporte, em todas as suas vertentes, inclusive como profissão. Para que se leve a efeito a referida disposição legal, evidentemente que devem ser respeitadas as individualidades das pessoas e a condição natural da mulher que é gerar um filho, vivendo a gestação e a maternidade, com proteção e segurança. Há de se permitir que a mulher faça a sua escolha de ser mãe sem que isso prejudique o seu direito de exercer a profissão de atleta, ou seja, não se pode conceber um cenário de incompatibilidade entre ser atleta e ser mãe; ao contrário, há de se proteger e preservar o trabalho da jogadora no contexto da gestação e da maternidade, sob pena de desestimular a escolha dessa profissão e consagrar a violação a um direito social, que integra o catálogo dos direitos humanos fundamentais e, portanto, é elemento da dignidade da pessoa humana.

A reiterada menção aos direitos sociais, aos direitos humanos fundamentais e à dignidade da pessoa humana não pode ser encarada como mera retórica, mas como dever de todos. Não foi sem razão que o legislador, ao conceber o Sistema Nacional do Esporte (SINESP), na Lei Geral do Esporte, estipulou que se deve observar, entre outros, a igualdade e que se devem promover os direitos humanos:

> **Art. 12.** O Sinesp será organizado com observância dos seguintes princípios e diretrizes:

> I – esporte como direito social;
>
> II – igualdade de condições para o acesso ao esporte;
>
> III – governança com base no princípio da gestão democrática e participação social;
>
> IV – avaliação, controle social, acesso à informação e transparência da aplicação dos recursos públicos;
>
> V – integração do planejamento, por meio de planos decenais de esporte dos Estados, do Distrito Federal e dos Municípios, em consonância com o Plano Nacional do Esporte (PNEsporte);
>
> VI – colaboração intersetorial entre esporte e outras áreas, como saúde, educação, cultura, proteção da criança e do adolescente, trabalho e emprego e assistência social;
>
> VII – utilização do esporte para promoção dos direitos humanos, da diversidade sociocultural e da sustentabilidade socioambiental;
>
> VIII – fomento da implementação e da ampliação das políticas que visem à inclusão social, ao atendimento aos povos e às comunidades tradicionais e à valorização das pessoas com deficiência e necessidades especiais;
>
> IX – descentralização e articulação da política esportiva e de lazer.

Quando os legisladores entenderam que seria oportuna uma revisão na legislação desportiva nacional e concluíram pelo cabimento da elaboração de um projeto de lei que se prestasse a se tornar uma lei geral do esporte, um dos principais objetivos era que fossem compilados todos os diplomas normativos relacionados ao desporto em uma única lei. Embora fosse o penúltimo artigo dos 218 constantes do projeto de lei que deu origem à Lei Geral do Esporte, o art. 218 chamava atenção pelo fato de determinar a revogação de todos os diplomas normativos anteriores aplicáveis ao desporto. Os vetos que acompanharam a sanção presidencial mitigaram o desiderato de outrora, mantendo vigentes leis anteriores que não puderam permanecer no texto da Lei n. 14.597/2023.

O que se pretende dizer, entretanto, é que alguns elementos antes esparsos na legislação desportiva nacional foram efetivamente incluídos na Lei Geral do Esporte, dentre os quais as bases legais do programa bolsa-atleta, previsto a partir do art. 50, em seção intitulada "*Dos Auxílios Diretos aos Atletas e Da Bolsa-Atleta*", cuja definição legal é a seguinte:

> **Art. 51.** É instituída a Bolsa-Atleta, destinada prioritariamente aos atletas praticantes do esporte de alto rendimento em modalidades olímpicas, paralímpicas e surdolímpicas, sem prejuízo da análise e deliberação acerca das demais modalidades, a serem feitas de acordo com o art. 54 desta Lei.

O que importa sobre o programa para fins deste estudo são as disposições expressamente relacionadas à proteção à maternidade, anunciadas preambularmente neste tópico, por terem sido introduzidas pela Lei n. 14.614/2023, que alterou a Lei Geral do Esporte antes mesmo que completasse um mês de vigência.

De acordo com a redação do art. 53 da Lei Geral do Esporte, com as alterações da Lei n. 14.614/2023, a bolsa-atleta será concedida pelo prazo de um ano e será paga em até 12 (doze) parcelas mensais. Evidentemente, a carreira do atleta, por mais breve que possa ser, não é planejada para durar somente um ano, o que demanda a renovação da sua participação no programa bolsa-atleta, a fim de que ele possa dar continuidade ao seu trabalho.

Contudo, para fazer jus à bolsa-atleta, o atleta deve preencher os requisitos cumulativos estabelecidos no art. 52 da Lei Geral do Esporte, dentre os quais estar vinculado a alguma organização que promova a prática esportiva, estar em plena atividade esportiva, ter participado de competições esportivas no ano anterior aquele em que pleitear o benefício, encaminhar o plano esportivo anual, com plano de treinamento, objetivos e metas esportivas para o ano de recebimento do benefício. Esses requisitos apresentados exemplificativamente exigem, por óbvio, que os atletas estejam em plena atividade para que possam pleitear a bolsa-atleta, o que não necessariamente será possível para as atletas no contexto da maternidade, ou seja, no momento em que tanto precisam de suporte financciro, que é fruto do seu trabalho, para si próprias e para os seus filhos, estão impossibilitadas do pleno exercício da sua profissão e, como consequência, não preencheriam os requisitos exigidos para a percepção do benefício do programa bolsa-atleta.

Por esse motivo, o legislador foi extremamente coerente e comprometido com os direitos sociais ao dispor que as atletas beneficiárias da bolsa-atleta que estiverem na condição de gestantes ou puérperas terão prioridade para a renovação do benefício, mitigando, naturalmente, a rigidez das exigências anteriormente descritas:

> **Art. 53.** A Bolsa-Atleta será concedida pelo prazo de 1 (um) ano e deverá ser paga em até 12 (doze) parcelas mensais.
>
> **Parágrafo único.** Encerrado o prazo previsto no *caput* deste artigo, terão prioridade para a renovação da Bolsa-Atleta: *(Incluído pela Lei n. 14.614, de 2023)*
>
> I – os atletas de qualquer categoria da Bolsa-Atleta que conquistarem medalhas nos jogos olímpicos, paralímpicos ou surdolímpicos; *(Incluído pela Lei n. 14.614, de 2023)*
>
> II – os atletas da categoria atleta pódio; *(Incluído pela Lei n. 14.614, de 2023)*
>
> III – as atletas gestantes ou puérperas. *(Incluído pela Lei n. 14.614, de 2023)*

Justamente no sentido de mitigar a rigidez das exigências previstas para a renovação da bolsa-atleta para os casos das atletas gestantes ou puérperas, o legislador, atento ao direito social protegido expressamente pela Constituição Federal de 1988, incluiu a obrigação de que o Ministério do Esporte respeite a maternidade e os direitos que as protegem, pelo texto do art. 53-A, igualmente oriundo da Lei n. 14.614/2023:

> **Art. 53-A.** O Ministério do Esporte garantirá às atletas gestantes ou puérperas, no âmbito da Bolsa-Atleta, o respeito à maternidade e aos direitos que as protegem. *(Incluído pela Lei n. 14.614, de 2023)*
>
> **§ 1º** Caso a atleta não possa comprovar a participação em competição nacional ou internacional no ano imediatamente anterior ao pedido de concessão da Bolsa-Atleta em decorrência de afastamento determinado pela gestação ou pelo puerpério, poderá ser utilizado o resultado esportivo obtido no ano antecedente ao da gestação ou do puerpério para pleitear o benefício. *(Incluído pela Lei n. 14.614, de 2023)*
>
> **§ 2º** Será garantido à atleta gestante ou puérpera o recebimento regular das parcelas mensais da Bolsa-Atleta até que possa retomar a atividade esportiva, hipótese em que não se aplicará o prazo previsto no *caput* do art. 53 desta Lei. *(Incluído pela Lei n. 14.614, de 2023)*
>
> **§ 3º** A comprovação de plena atividade esportiva não será exigida da atleta na prestação de contas referente aos recursos financeiros recebidos no âmbito da Bolsa-Atleta durante o período da gestação ou do puerpério. *(Incluído pela Lei n. 14.614, de 2023)*
>
> **§ 4º** Para fins do disposto neste artigo, a concessão da Bolsa-Atleta será garantida à atleta gestante ou puérpera durante o período da gestação acrescido de até 6 (seis) meses após o nascimento da criança, desde que o período adicional do benefício não exceda a 15 (quinze) parcelas mensais consecutivas. *(Incluído pela Lei n. 14.614, de 2023)*
>
> **§ 5º** Retomada a atividade esportiva ou encerrado o prazo previsto no § 4º deste artigo, as obrigações assumidas pela atleta no âmbito da Bolsa-Atleta voltarão a ser exigidas. *(Incluído pela Lei n. 14.614, de 2023)*
>
> **§ 6º** Os direitos reconhecidos à atleta gestante ou puérpera não afastarão a possibilidade de a beneficiária da Bolsa-Atleta, respeitada a orientação de seu médico e de seu treinador, continuar ou retomar a atividade esportiva previamente ao encerramento do prazo previsto no § 4º deste artigo. *(Incluído pela Lei n. 14.614, de 2023)*
>
> **§ 7º** Os direitos reconhecidos à atleta gestante ou puérpera de que tratam este artigo e o inciso III do parágrafo único do art. 53 desta Lei aplicam-se à hipótese de adoção. *(Incluído pela Lei n. 14.614, de 2023)*
>
> **§ 8º** A concessão dos direitos reconhecidos à atleta gestante ou puérpera de que trata este artigo fica condicionada à disponibilidade orçamentária e financeira do Ministério do Esporte. *(Incluído pela Lei n. 14.614, de 2023)*

Entre as regras que promovem a proteção à maternidade no âmbito da bolsa--atleta, os §§ 2º, 4º e 5º do art. 53-A da Lei Geral do Esporte flexibilizam o prazo de percepção do benefício para que não seja limitado a um ano no caso da atleta gestante ou puérpera, que o receberá até que tenha condições de retomar a prática esportiva, ou seja, a atleta terá a tranquilidade para cuidar de sua saúde e da saúde do seu filho, sem o receio de perder a fonte de subsistência. A referida flexibilização é limitada ao período de gestação acrescido de até seis meses após o nascimento da criança, desde que esse período adicional não ultrapasse quinze parcelas mensais consecutivas, quando serão retomadas as obrigações exigidas no âmbito do programa bolsa-atleta. Caso o médico e o treinador responsáveis pela atleta autorizem seu retorno antecipado à prática esportiva além dos prazos flexibilizados para a plena proteção à maternidade, isso não afetará os direitos reconhecidos a elas.

Sobre o preenchimento dos requisitos para a renovação do benefício do programa bolsa-atleta, os §§ 1º e 3º do art. 53-A da Lei Geral do Esporte oferecem espécies de tolerância. Quando a atleta não puder comprovar que tenha participado de competição nacional ou internacional no ano anterior ao pedido de concessão da bolsa-atleta, o que é bastante provável em decorrência do necessário afastamento exigido pela gestação ou pelo puerpério, o Ministério do Esporte poderá utilizar o resultado do ano antecedente à gestação ou ao puerpério. Além disso, não será exigível a comprovação da plena atividade esportiva quando a atleta prestar contas em relação aos recursos financeiros recebidos a título de bolsa-atleta durante o período da gestação ou do puerpério.

Na parte derradeira do art. 53-A da Lei Geral do Esporte, o legislador consignou que todos os direitos reconhecidos à atleta gestante ou puérpera também se aplicam à hipótese de adoção, em sintonia com o ordenamento jurídico vigente.

Todas as adaptações feitas na política pública do programa bolsa-atleta demonstram que o legislador atuou norteado pelo princípio da dignidade da pessoa humana, que constitui fundamento da República Federativa do Brasil. No entanto, a ressalva feita pelo § 8º do art. 53-A da Lei Geral do Esporte, que condiciona os direitos reconhecidos às atletas gestantes ou puérperas à disponibilidade orçamentária e financeira do Ministério do Esporte, embora seja questionável em termos legais, gera incerteza sobre a efetivação do direito social da proteção à maternidade no âmbito do programa bolsa-atleta. Essa efetivação dependerá, principalmente, do compromisso do Poder Executivo com a promoção dos direitos humanos fundamentais.

A política pública da bolsa-atleta é bastante relevante para o desenvolvimento do esporte brasileiro e para que os atletas beneficiados tenham mínimas condições de manter a sua atividade, sendo igualmente relevante que haja regras que protejam as atletas gestantes e puérperas, entretanto o direito social de proteção à maternidade não estaria suficientemente abrangido pela legislação esportiva se estivesse expresso somente nesse âmbito.

É verdade que as disposições constitucionais e infraconstitucionais vigentes não deixariam as atletas desamparadas no momento da gestação e da maternidade, ainda que não houvesse menção expressa na legislação esportiva para além do programa bolsa-atleta, inclusive por força do art. 70 da Lei Geral do Esporte.

Entretanto a importância da proteção à maternidade enquanto direito social fez com que o legislador reforçasse o referido direito na legislação esportiva, justamente para evitar qualquer interpretação que não promovesse os direitos humanos fundamentais e, portanto, a dignidade da pessoa humana.

Na seção destinada ao regramento do Contrato Especial de Trabalho Esportivo, a Lei Geral do Esporte inicia as suas disposições com aspectos genéricos, em subseção que aborda as características do referido instrumento. Justamente por ser um contrato de trabalho especial, específico para a categoria dos atletas, poderia existir alguma interpretação restritiva em relação à aplicabilidade dos direitos e deveres que se extraem das regras gerais oriundas do texto constitucional e da legislação infraconstitucional, ainda que o estudo da natureza jurídica dos direitos humanos fundamentais assim não permitisse, pois são de observância obrigatória, reforçada pelo mencionado art. 70 da Lei Geral do Esporte.

De qualquer forma, o texto da Lei Geral do Esporte não deu margem à interpretação diversa, deixando expresso que os contratos celebrados com as atletas, tenham natureza trabalhista ou cível, não podem ter a validade sujeita à gravidez e devem respeitar as questões referentes à maternidade em geral:

> **Art. 86.** O atleta profissional poderá manter relação de emprego com organização que se dedique à prática esportiva, com remuneração pactuada em contrato especial de trabalho esportivo, escrito e com prazo determinado, cuja vigência não poderá ser inferior a 3 (três) meses nem superior a 5 (cinco) anos, firmado com a respectiva organização esportiva, do qual deverá constar, obrigatoriamente:
>
> (...)
>
> **§ 10.** Os contratos celebrados com atletas mulheres, ainda que de natureza cível, não poderão ter qualquer tipo de condicionante relativo à gravidez, a licença-maternidade ou a questões referentes a maternidade em geral.

O texto da lei pode não ter a maior clareza e objetividade possível, mas a amplitude e abrangência viabilizam a observância de todo o patrimônio jurídico vigente que diz respeito ao direito social da proteção à maternidade. Apesar de estar inserida na seção sobre o Contrato Especial de Trabalho Esportivo, a proteção à maternidade na Lei Geral do Esporte se estende aos contratos cíveis, antecipando práticas existentes no esporte que violam os direitos dos trabalhadores em geral, incluindo as atletas. Por exemplo, não é incomum que os clubes contratem seus atletas estabelecendo com eles dois vínculos contratuais, um de natureza trabalhista e outro de natureza cível, normalmente para transacionar direitos de imagem.

Pelo texto da Lei Geral do Esporte, não é sequer necessário discutir a validade dos contratos de natureza cível em sua coexistência com o contrato especial de trabalho esportivo, pois o legislador entendeu que a proteção à maternidade não pode encontrar óbices em discussões jurídicas que postergam o pleno exercício do direito social de proteção à maternidade. Portanto, seja no vínculo de natureza trabalhista, seja no vínculo de natureza cível, estejam presentes isoladamente ou em conjunto em relação jurídica que envolve a mesma atleta e o mesmo clube, a proteção à maternidade é um direito que deve ser respeitado de maneira plena, ampla e abrangente, como qualquer direito humano fundamental.

Outro dispositivo que merece atenção na Lei Geral do Esporte no debate sobre a proteção à maternidade é o art. 87, que reforça a possibilidade de que o trabalho do atleta profissional seja objeto de convenção ou acordo coletivo de trabalho, mas ressalva o necessário respeito ao trabalho das mulheres, destacando os direitos sociais previstos na Constituição Federal:

> **Art. 87.** Convenção ou acordo coletivo de trabalho disporá sobre a regulação do trabalho do atleta profissional, respeitadas as peculiaridades de cada modalidade esportiva e do trabalho das mulheres, bem como sobre a proteção ao trabalho do menor.
>
> **Parágrafo único.** O poder público, especialmente os órgãos do Poder Judiciário, atenderão à prevalência das normas convencionadas ou acordadas na forma do *caput* deste artigo sobre as disposições legais, inclusive quanto às disposições desta Lei e das normas que se aplicarem subsidiariamente a ela, respeitados os direitos sociais de caráter heterônomo constantes da Constituição Federal.

O texto do dispositivo da Lei Geral do Esporte acima transcrito não poderia ser diferente, especialmente em relação ao direito social da proteção à maternidade, visto que o art. 611-B da CLT, introduzido pela Lei n. 11.467, de 13 de julho de 2017, que ficou conhecida como "Reforma Trabalhista", já havia previsto a referida restrição de que os acordos e convenções coletivas não podem tratar da licença-maternidade com duração mínima de 120 (cento e vinte) dias e sequer abordar as disposições dos arts. 373-A, 392, 392-A, 394, 394-A, 395, 396 e 400 da CLT, que versam justamente sobre temas relativos à maternidade:

> **Art. 611-B.** Constituem objeto ilícito de convenção coletiva ou de acordo coletivo de trabalho, exclusivamente, a supressão ou a redução dos seguintes direitos: *(Incluído pela Lei n. 13.467, de 2017)*
>
> (...)
>
> XIII – licença-maternidade com a duração mínima de cento e vinte dias; *(Incluído pela Lei n. 13.467, de 2017)*
>
> (...)
>
> XXX – as disposições previstas nos arts. 373-A, 390, 392, 392-A, 394, 394-A, 395, 396 e 400 desta Consolidação. *(Incluído pela Lei n. 13.467, de 2017)*

Aliás, é relevante consignar que o art. 611-A da CLT, igualmente oriundo da Reforma Trabalhista, promoveu o conceito do "negociado sobre o legislado", ao dispor que "*a convenção coletiva e o acordo coletivo de trabalho têm prevalência sobre a lei*", destacando as matérias passíveis de negociação coletiva em seus incisos:

> A Lei n. 13.467/2017, no entanto, alterou substancialmente o princípio em tela, na medida em que instituiu o chamado modelo "negociado sobre o legislado", isto é, um novo sistema de hierarquia das fontes em que as cláusulas previstas em convenções ou acordos coletivos prevalecem quando se apresentarem em antinomia com as disposições previstas em lei (Leite, 2023, p. 644).

Ao relacionar o estímulo à negociação coletiva conferido pela Reforma Trabalhista às relações de trabalho no esporte, "*a constatação imediata é da quase impossibilidade de negociação coletiva de todos os temas controvertidos que orbitam o contrato especial de trabalho desportivo*" (Sousa, 2023, p. 111). Em relação ao direito social da proteção à maternidade, a restrição é contundente, de fato.

A forma pela qual o direito de proteção à maternidade deve ser compreendido a partir da redação da Lei Geral do Esporte se reforça pelos parágrafos do art. 90 relacionados ao tema, que foram objeto de veto presidencial:

> **Art. 90**. (...)
>
> **§ 9º** A dispensa de atleta mulher motivada por questões relativas a gravidez e a licença-maternidade ou referentes a maternidade em geral enquadra-se na hipótese de dispensa imotivada prevista no inciso V do *caput* deste artigo, devida, nesse caso, a cláusula compensatória esportiva prevista no inciso II do *caput* do art. 86 desta Lei.

> **§ 10.** Caso ocorra a dispensa de atleta mulher pelos motivos previstos no § 9º deste artigo, a organização que se dedique à prática esportiva ficará impedida de registrar novas atletas pelo período de 1 (um) ano.

O art. 90 está inserido na subseção que trata "Do Término do Contrato Especial de Trabalho Esportivo" e, aparentemente, teria o condão de proibir ou, ao menos, desestimular a dispensa das atletas em razão da gravidez ou da licença-maternidade, entretanto a leitura da segunda parte do § 9º demonstra que reduziria significativamente a proteção jurídica conferida à maternidade enquanto direito social, ao equiparar a demissão da atleta no contexto da maternidade às dispensas imotivadas, atribuindo-lhe as mesmas consequências.

Todo o desestímulo aparente estaria concentrado no texto do § 10, que impediria a organização de prática esportiva de registrar novas atletas pelo interregno de um ano, o que não seria uma regra de efetiva aplicação. A dispensa de uma atleta motivada por questões relativas à maternidade em geral é algo que depende de comprovação a ser realizada, salvo melhor juízo, em sede de processo judicial, que poderia durar alguns anos, ou até décadas, para, então, ser imposta a penalidade prevista na legislação.

As razões do veto presidencial aos §§ 9º e 10 do art. 90 da Lei Geral do Esporte são elucidativas e técnicas a esse respeito, reconhecendo-se que a sua aprovação seria um retrocesso ao que se compreende como o direito social de proteção à maternidade:

> **Razões dos vetos**
>
> Em que pese a boa intenção do legislador, a proposição legislativa contraria o interesse público, pois permite a dispensa imotivada de gestantes e pretende, ainda, substituir a indenização decorrente da estabilidade legal atualmente conferida às gestantes por mero pagamento da cláusula compensatória, o que poderia significar severos prejuízos financeiros para a trabalhadora. Tal propósito não apenas viola direitos consagrados em favor das gestantes, como também vulnera princípios basilares da atuação deste Governo.

É importante reconhecer que a Lei Geral do Esporte inovou ao dedicar dispositivos ao direito de proteção à maternidade, entretanto igualmente oportuno afirmar que não trouxe muitas novidades em relação às diretrizes já estabelecidas pela Constituição Federal e pela CLT, além de outras fontes normativas vigentes, salvo no que diz respeito ao programa bolsa-atleta.

Pelos arts. 53 e 53-A da Lei Geral do Esporte, o administrador público responsável pelo programa bolsa-atleta tem o dever de tratar as atletas gestantes e puérperas de maneira diferenciada, justamente para proteger um momento tão delicado para as suas vidas, em respeito ao direito social da proteção à maternidade, enquanto direito humano fundamental e, portanto, elemento da dignidade da pessoa humana.

Porém o programa bolsa-atleta é excludente, direcionado a um grupo específico de atletas, que preenche os requisitos estabelecidos em lei, ou seja, as indigitadas inovações têm abrangência restrita.

Para todas as outras atletas, especialmente nas relações com os seus clubes, a abordagem da Lei Geral do Esporte sobre a proteção à maternidade não é suficiente para resolver os principais problemas enfrentados.

Antes da Lei Geral do Esporte, quando a legislação esportiva não enfrentava o tema da proteção à maternidade, discutia-se a aplicabilidade e compatibilidade das regras gerais, majoritariamente constantes na CLT, às relações entre as atletas e seus clubes. Já que o legislador entendeu que a lei especial deveria tratar do assunto, haveria de ter feito de maneira detalhada.

Observa-se, entretanto, que o legislador basicamente ratificou a aplicabilidade do texto constitucional e das leis gerais sobre proteção à maternidade no âmbito esportivo, especialmente quando o art. 70 da Lei Geral do Esporte deixa expresso que as relações de trabalho no esporte se baseiam no primado da proteção do trabalho e na garantia dos direitos sociais do trabalhador esportivo.

O texto do § 10 do art. 86 da Lei Geral do Esporte não foi suficiente para tratar de um assunto tão importante quanto a proteção à maternidade, especialmente em um contexto de resistência à aplicabilidade das normas gerais, sob alegação de eventual incompatibilidade ou insuficiência.

Embora a Lei Geral do Esporte tenha sido genérica ao definir que "*os contratos celebrados com atletas, ainda que de natureza cível*", estão abrangidos pelas regras de proteção à maternidade, sem qualquer ressalva à modalidade, por prazo indeterminado ou determinado, é possível que se tenha alguma discussão sobre o assunto. Se o legislador pretendesse, efetivamente, excepcionar alguma modalidade contratual, certamente o faria, mas, para não deixar qualquer dúvida e evitar a necessidade de algum esforço interpretativo, poderia ter sido expresso no sentido de que todas as regras de proteção à maternidade, inclusive a estabilidade, são aplicáveis inclusive aos contratos por prazo determinado.

Outro aspecto relevante que não foi tratado pela Lei Geral do Esporte e que serviria para o desejável equilíbrio entre os valores sociais do trabalho e a livre iniciativa seria a possibilidade de os clubes desfalcados pelas atletas no contexto da maternidade terem o direito de registrar novas jogadoras nas competições em curso, para suprir a ausência e mitigar os possíveis prejuízos esportivos, haja vista a existência de regras rígidas sobre os períodos de inscrição de atletas em quaisquer competições.

A despeito da oportunidade perdida pelo legislador de incluir regras específicas e detalhadas sobre a proteção à maternidade na Lei Geral do Esporte, não se pode olvidar que já existe um sistema que sustenta o referido direito no âmbito esportivo, oriundo da legislação constitucional e da legislação infraconstitucional, para que não se relativizem os direitos humanos fundamentais em nome da especificidade do contrato especial de trabalho esportivo, ou quaisquer outros contratos, até mesmo de natureza cível, que possam ser celebrados entre clubes e atletas.

Os arts. 70, 86 e 87 da Lei Geral do Esporte, ainda que genéricos, colocam os direitos sociais e, naturalmente, a proteção à maternidade, com a evidência que há de ser conferida a qualquer direito humano fundamental.

Capítulo 3

A Proteção à Maternidade nas Organizações Esportivas Internacionais do Futebol e do Voleibol

As cartas e tratados internacionais, oriundos da atividade de organismos como a ONU e a OIT, sempre ocupam posição de destaque no estudo do Direito, pela influência que exercem na atividade legislativa doméstica, como ocorre em relação ao Brasil.

Em 26 de setembro de 2022, a OIT publicou notícia sobre *"o primeiro acordo global sobre condições de trabalho e direitos de jogadores e jogadoras profissionais de futebol"*, ou seja, a principal entidade internacional que se dedica a *"promover oportunidades para que homens e mulheres possam ter acesso a um trabalho decente e produtivo, em condições de liberdade, equidade, segurança e dignidade"*, entende que deve atuar no esporte, especificamente no futebol, criando o chamado Acordo Global de Trabalho, detalhado da seguinte forma:

> O Acordo cria uma nova estrutura internacional de negociação entre o Fórum Mundial de Ligas (WLF), que representa 44 ligas nacionais de futebol profissional, compreendendo cerca de 1.100 clubes, e a FIFPRO, que representa mais de 60.000 jogadores(as) profissionais de futebol, como funcionários e funcionárias da indústria internacional do futebol, por meio de 66 sindicatos de jogadores na África, Américas, Ásia, Europa e Oceania.

Ainda incipiente, a medida pretende que os representantes de empregadores e funcionários se organizem para aprofundar os debates no sentido de encontrar soluções abrangentes aos desafios enfrentados pelo futebol, notadamente aqueles relacionados à saúde e à segurança dos jogadores e jogadoras. O anúncio feito pela OIT ainda destaca que *"o Acordo também reconhece a necessidade de maior representação e consideração pelo futebol feminino — incluindo questões relacionadas a competições domésticas, clubes e jogadores e jogadoras"*.

Evidentemente que o objeto específico do Acordo Global de Trabalho é concebido a partir das diretrizes já estabelecidas desde os primórdios da OIT e, por isso, a sua inspiração é oriunda das declarações e convenções vigentes, incluindo-se a Declaração sobre Princípios e Direitos Fundamentais no Trabalho, a Convenção n. 87, que trata da Liberdade Sindical e Proteção do Direito de Organização, e a Convenção n. 98, que trata do Direito à Sindicalização e Negociação Coletiva.

Evidentemente que a abrangência da OIT reforça a importância do Acordo Global de Trabalho concebido juntamente com entidades representativas de ligas e atletas de futebol, mas não se pode olvidar que o Comitê Olímpico Internacional (COI), que não somente é a entidade organizadora dos jogos olímpicos, mas a verdadeira guardiã dos princípios fundamentais do olimpismo, estabelece como objetivo do movimento a preservação da dignidade humana e a não discriminação:

> **Fundamental Principles of Olympism**
>
> (...)
>
> **2 The** goal of Olympism is to place sport at the service of the harmonious development of humankind, with a view to promoting a peaceful society concerned with the preservation of human dignity.
>
> (...)
>
> **4 The** practice of sport is a human right. Every individual must have the possibility of practising sport, without discrimination of any kind and in the Olympic spirit, which requires mutual understanding with a spirit of friendship, solidarity and fair play.(2)

---

(2) Tradução Livre: **Princípios Fundamentais do Olimpismo**

(...)

2. O objetivo do Olimpismo é posicionar o esporte a serviço do desenvolvimento harmonioso da humanidade, com a visão de promover uma sociedade pacífica preocupada com a preservação da dignidade humana.

(...)

4. A prática do esporte é um direito humano. Todo indivíduo deve ter a possibilidade de praticar esporte, sem discriminação de qualquer tipo e no espírito olímpico, o que requer mútuo entendimento com o espírito de amizade, solidariedade e *fair play*.

É verdade que nem todas as modalidades esportivas estão vinculadas ao COI e integram, efetivamente, o movimento olímpico, mas não se pode negar a influência que os princípios fundamentais do olimpismo exercem no esporte e, até mesmo, na sociedade, destacando-se a relevância de incluir a promoção da dignidade humana e da não discriminação entre os seus objetivos. Sobre os desafios do movimento olímpico:

> O COI carrega desde a sua fundação o discurso de Pierre de Coubertin de combate ao preconceito e de integração social. O princípio 6 do Olimpismo traz que "toda e qualquer forma de discriminação relativamente a um país ou a uma pessoa com base na raça, religião, política, sexo ou outra é incompatível com o Movimento Olímpico. Em seus princípios 2 e 4 estão garantidos a proteção da dignidade humana e o combate a qualquer tipo de preconceito.
>
> Apesar disso, como acontece com o futebol, o movimento olímpico também sobre constantes irritações referentes a possíveis violações a direitos humanos, através de regulamentos internos vistos como discriminatórios. Destes diálogos, surgem transformações importantes (Melo, 2023, p. 120).

Enquanto o COI contribui com a discussão de modo principiológico e mais abrangente no que diz respeito às modalidades esportivas afetadas, a iniciativa da OIT oferece uma ferramenta objetiva para discutir o trabalho no esporte de maneira coletiva e sistêmica, embora restrita ao futebol.

De qualquer forma, é possível encontrar medidas adotadas no bojo de determinadas modalidades esportivas que tenham como escopo a disciplina das relações de trabalho em âmbito internacional, já existindo, em algumas entidades esportivas, o enfrentamento dos debates sobre a proteção à maternidade, afinal:

> Os direitos humanos são uma conquista da humanidade, buscada desde sempre, à base de muitas lutas e perdas. Diante de casos recentes e do eco que a modernidade trouxe à causa, nos parece evidente que a proteção de direitos humanos não pode estar restrita às relações entre Estado e indivíduos. Ela é uma responsabilidade de todos, inclusive do movimento privado do esporte (Melo, 2023, p. 217).

Como o objeto desta dissertação é a proteção à maternidade das atletas, é oportuno invocar exemplos de como organizações esportivas internacionais abordam o tema. Enquanto a *Fédération Internationale de Football Association* (FIFA) ajustou os seus regulamentos internos para incluir dispositivos específicos para tratar da proteção à maternidade, os quais são utilizados nas decisões de seus órgãos de resolução de disputas, a *Fédération Internationale de Volleyball* (FIVB) ainda não tem regras relativas ao direito de proteção à maternidade, mas, quando foi provocada para dar solução a litígio envolvendo o assunto, não se eximiu de observar as diretrizes oferecidas por esse direito social.

Sobre as organizações esportivas internacionais, especialmente sobre o seu âmbito de atuação e sobre a sua atividade normativa, naquilo que pode se entender como Direito Internacional Privado do Esporte:

> Com efeito, basta verificar que, no tocante ao essencial, cada modalidade releva de uma autoridade suprema: as federações internacionais (...). São, portanto, universalmente aplicáveis tanto as chamadas regras de jogo, quanto as regras de direito fixadas por tais federações internacionais e, no que concerne às competições olímpicas, pelo Comitê Olímpico Internacional. Assim, em vista de sua competência para produzir normas internacionalmente aplicáveis, as referidas entidades desempenham o papel de impulsionar e assegurar a perenidade do esporte (Nicolau, 2018, p. 30).

A defesa dos direitos humanos fundamentais, neles incluído o direito social de proteção à maternidade, há de ser uma preocupação permanente de toda a sociedade, dos entes governamentais, das entidades privadas e das pessoas, o que, naturalmente, abrange o movimento esportivo.

3.1. As Regras da FIFA sobre Proteção à Maternidade

Na condição de organização esportiva internacional, responsável pela administração do futebol no mundo, a FIFA tem como objetivos estatutários, previstos no seu art. 2, "c" e "f", a elaboração de regulamentos relacionados ao futebol, a promoção do desenvolvimento do futebol feminino e a plena participação das mulheres em todos os níveis de governança do futebol.

Não obstante a inclusão textual da promoção da modalidade entre as mulheres e a sua participação na gestão, o que já atrai a necessidade de serem criadas regras para a proteção das mulheres, os arts. 3 e 4 do Estatuto da FIFA dispõem que a entidade é comprometida com o respeito a todos os direitos humanos reconhecidos internacionalmente e deve se esforçar para promover a sua proteção, bem como não admitirá qualquer tipo de discriminação, inclusive de gênero.

Com base nessas premissas estatutárias, depreende-se que a FIFA deve atuar de maneira efetiva para regulamentar o futebol e todos os assuntos correlatos, com atenção especial ao futebol feminino, sempre pautada pela proteção aos direitos humanos e a proibição à discriminação.

No sentido de regulamentar a modalidade, entre outros documentos, a FIFA elaborou e publicou o *Regulations on the Status and Transfer of Players* (RSTP), cujo escopo definido logo em seu art. 1 é o estabelecimento de regras relativas ao *status* dos jogadores, a sua elegibilidade para participar do futebol organizado e as suas transferências ente clubes de diferentes associações. Para que se compreenda o conceito de associação, utilizado pela FIFA, basta dizer que a Confederação Brasileira de Futebol (CBF) é uma associação.

Como o futebol é um fenômeno global e envolve mais de duas centenas de associações, cada uma com sua legislação própria, a FIFA deve ter cuidado na elaboração dos seus regulamentos, inclusive para respeitar as particularidades de cada sistema jurídico, embora não possa se eximir de regulamentar as regulamentações internacionais da modalidade, incluindo patamares mínimos de regras que estejam de acordo com os seus objetivos estatutários.

Depois dos escândalos de corrupção erigidos dentro da FIFA em meados de 2015, os quais ficaram conhecidos como "FIFAGate", a presidência da entidade foi assumida pelo suíço-italiano Gianni Infantino, que logo anunciou um ousado plano de reestruturação denominado "*FIFA 2.0: The Vision for the Future*", com o intuito de reconstruir a imagem da FIFA e dos seus dirigentes, pelo seu principal ativo, que é o futebol.

Nesse plano, o futebol feminino foi contemplado com o *Women's Football Strategy*, a partir da premissa de que "*the state of play in women's football today is that the game is both in rude healt and in need of fundamental change*"(3).

Dentro do programa criado pela FIFA especificamente para o futebol feminino, houve a definição do objetivo de dobrar o número de jogadoras mulheres no mundo até 2026, alcançando o número de 60 (sessenta) milhões, por meio do desenvolvimento e execução de estratégias para trazê-las ao centro das atenções. Sobre os planos da FIFA:

> FIFA wondered some key objectives to: <u>Grow Participation</u> (increase female participation in football globally — main goal: 60 million players

(3) Tradução Livre: o estado atual do futebol feminino hoje é que a partida está tanto com a saúde complicada quanto com a necessidade de uma mudança fundamental.

> by 2026); Enhance the Commercial Value (expand new revenue streams and develop a virtuous approach for the existing ones over women's events); and, Build the Foundations (create a higher-level for women's football environment and encourage women to hold leadership positions) (Chamusca; Jordão; Possídio, 2021, p. 60).[4]

Ainda dentro desse objetivo relacionado ao futebol feminino, a FIFA anunciou investimentos de até 315 milhões de dólares para as associações-membro no intuito de incentivar a prática pelas mulheres, com a organização de ligas de base, ligas profissionais e a criação de estratégias de desenvolvimento, sem prejuízo do trabalho a ser executado pela então criada Divisão de Futebol Feminino.

Dentro de todo esse contexto de reestruturação da FIFA, lastreada nas suas premissas estatutárias, tem sido intensa a atividade de revisão de todos os seus regulamentos, especialmente em relação ao RSTP. Todas as mudanças feitas no RSTP são divulgadas ao ecossistema do futebol por circulares assinadas pela Secretaria-Geral da entidade.

Como parte das atividades de revisão dos seus regulamentos, a FIFA publicou a Circular 1743, de 14 de dezembro de 2020, com emendas ao RSTP e ao regulamento denominado *Rules Governing the Procedures of the Players' Status Committee and the Dispute Resolution Chamber*, que posteriormente seria substituído pelo *Procedural Rules Governing the Football Tribunal*. Em termos simples e objetivos, o primeiro regulamento é uma espécie de código de direito material do futebol internacional, enquanto o segundo seria um código de direito processual para a solução de litígios dentro do sistema FIFA.

3.2. A Circular FIFA 1473, de 14 de dezembro de 2020, e a Proteção à Maternidade

Entre os assuntos tratados na Circular 1473, de 14 de dezembro de 2020, o que interessa ao presente estudo são as modificações feitas no RSTP em relação às condições específicas de trabalho para as atletas profissionais, que, basicamente, trouxeram regras sobre a proteção à maternidade.

(4) Tradução Livre: FIFA pensou em objetivos pontuais de: crescer a participação (aumentar a participação feminina no futebol globalmente — objetivo principal: 60 milhões de jogadores até 2026); fortalecer o valor comercial (expandir novos fluxos de receitas e desenvolver uma abordagem virtuosa para as já existentes nos eventos femininos); e, construir fundações (criar um nível melhor para o ambiente do futebol feminino e encorajar as melhores para assumirem posições de liderança).

Entre as disposições criadas pela FIFA para a regulamentação do futebol em âmbito global, algumas delas são obrigatórias somente para as relações de dimensão internacional, enquanto outras devem ser incluídas nos regulamentos das associações-membro, para que sejam aplicáveis em âmbito doméstico. É justamente o caso das regras de proteção à maternidade, que devem ser observadas pelas associações-membro:

> FIFA established minimum labour standards for female players in 2020, which went into effect in 2021, based on the necessity for protection. This new norm must be welcomed by all affiliated members as it is part of FIFA's Regulations on the Status and Transfer of Players (FIFA RSTP) (Chamusca; Jordão; Possídio, 2021, p. 61).(5)

Pela Circular 1473, de 14 de dezembro de 2020, a FIFA anuncia mudanças adjetivadas como essenciais ao RSTP, que têm como objetivo oferecer condições mínimas relacionadas à gravidez e à maternidade, a serem aplicadas globalmente, embora cada associação-membro tenha a liberdade de adotar proteções mais fortes e efetivas para as jogadoras nas suas regulamentações domésticas.

Na condição de organização esportiva de âmbito internacional, a despeito de ser constituída com base nas regras do direito suíço, a FIFA dialoga de maneira muito intensa com tratados e convenções internacionais, razão pela qual o paradigma utilizado para a elaboração de regras de proteção à maternidade foi a regulamentação da OIT, especialmente a Convenção n. 183, adotada em 2000.

De maneira didática, a Circular 1473, de 14 de dezembro de 2020, trouxe a definição de licença-maternidade como um período mínimo de 14 (catorze) semanas de ausência remunerada, sendo no mínimo 8 (oito) semanas após o parto. A regra foi inserida no então criado parágrafo 7 do art. 18 do RSTP, que, ainda no contexto das regras da OIT, estabeleceu o pagamento mínimo de dois terços do salário contratado durante a licença-maternidade, salvo condições mais benéficas previstas na legislação nacional aplicável ou em acordos ou convenções coletivas. No caso do Brasil, a legislação nacional prevê a manutenção do salário contratado e, portanto, é mais benéfica em comparação ao regulamento da FIFA, concebido a partir das diretrizes da OIT.

---

(5) Tradução Livre: a FIFA estabeleceu padrões mínimos de trabalho para as atletas mulheres em 2020, as quais entraram em vigor em 2021, baseada na necessidade de proteção. Essa nova norma deve ser bem-vinda por todos os membros afiliados como parte do *FIFA Regulations on the Status and Transfer of Players* (FIFA RSTP).

Pela introdução do art. 18quater no RSTP, a Circular 1473, de 14 de dezembro de 2020, afirma que estão os pontos principais da nova proteção concedida às atletas durante a gravidez e a maternidade:

> **Article 18quater — Special provisions relating to female players**
>
> 1. The validity of a contract may not be made subject to a player being or becoming pregnant during its term, being on maternity leave, or utilising rights related to maternity in general.
>
> 2. If a club unilaterally terminates a contract on the grounds of a player being or becoming pregnant, being on maternity leave, or utilising rights related to maternity in general, the club will be deemed to have terminated the contract without just cause.
>
> a) It shall be presumed, unless proven to the contrary, that the unilateral termination of a contract by a club during a pregnancy or maternity leave occurred as a result of a player being or becoming pregnant.
>
> 3. Where a contract has been terminated on the grounds of the player being or becoming pregnant, as an exception to article 17 paragraph 1:
>
> a) compensation due to a player shall be calculated as follows:
>
> i. in case the player did not sign any new contract following the termination of her previous contract, as a general rule, the compensation shall be equal to the residual value of the contract that was prematurely terminated;
>
> ii. in case the player signed a new contract by the time of the decision, the value of the new contract for the period corresponding to the time remaining on the prematurely terminated contract shall be deducted from the residual value of the contract that was terminated early;
>
> iii. in either case described above, the player shall be entitled to additional compensation corresponding to six monthly salaries of the prematurely terminated contract;
>
> iv. collective bargaining agreements validly negotiated by employers' and employees' representatives at domestic level in accordance with national law may deviate from the principles stipulated above. The terms of such an agreement shall prevail;
>
> b) in addition to the obligation to pay compensation, sporting sanctions shall be imposed on any club found to have unilaterally terminated a contract on the grounds of a player being or becoming pregnant, being on maternity leave, or utilising rights related to maternity in general. The club shall be banned from registering any new female players, either nationally or internationally, for two entire and consecutive registration periods. The club shall be able to register new players, either nationally or internationally, only as of the next registration period following the complete serving of the relevant sporting sanction. In particular, it may not make use of the exception and the provisional measures stipulated in article 6 paragraph 1 a) of these regulations in order to register players at an earlier stage;

c) the sanction provided for in b) above may be applied cumulatively with a fine.

4. Where a player becomes pregnant, she has the right, during the term of her contract, to:

a) continue providing sporting services to her club (i.e., playing and training), following confirmation from her treating practitioner and an independent medical professional (chosen by consensus between the player and her club) that it is safe for her to do so. In such cases, her club has an obligation to respect the decision and formalise a plan for her continued sporting participation in a safe manner, prioritising her health and that of the unborn child;

b) provide employment services to her club in an alternate manner, should her treating practitioner deem that it is not safe for her to continue sporting services, or should she choose not to exercise her right to continue providing sporting services. In such cases, her club has an obligation to respect the decision and work with the player to formalise a plan for her alternate employment. The player shall be entitled to receive her full remuneration, until such time that she utilises maternity leave;

c) independently determine the commencement date of her maternity leave, taking into consideration the minimum periods provided (cf. Definitions). Any club that pressures or forces a player to take maternity leave at a specific time shall be sanctioned by the FIFA Disciplinary Committee;

d) return to football activity after the completion of her maternity leave, following confirmation from her treating practitioner and an independent medical professional (chosen by consensus between the player and her club) that it is safe for her to do so. In such cases, her club has an obligation to respect the decision, reintegrate her into footballing activity (cf. article 6 paragraph 1 b)), and provide adequate ongoing medical support. The player shall be entitled to receive her full remuneration following her return to football activity.

5. A player shall be provided the opportunity to breastfeed an infant and/ or express breast milk whilst providing sporting services to her club. Clubs shall provide suitable facilities in accordance with applicable national legislation in the country of a club's domicile or a collective bargaining agreement.(6)

---

(6) Tradução Livre: Art. 18quater — Disposições especiais relativas às jogadoras mulheres

1. A validade de um contrato não pode ser subordinada à condição de uma jogadora estar grávida ou engravidar durante a sua vigência, estar em licença maternidade ou utilizar direitos relacionados com a maternidade em geral.

2. Se um clube rescindir unilateralmente um contrato com base no fato de uma jogadora estar grávida ou engravidar, estar em licença maternidade ou utilizar direitos relacionados com a maternidade em geral, o clube será considerado como tendo rescindido o contrato sem justa causa.

a) Presume-se, salvo prova em contrário, que a cessação unilateral de um contrato por um clube durante uma gravidez ou licença maternidade ocorreu em consequência de uma jogadora estar grávida ou engravidar.

3. Quando o contrato tiver sido rescindido em razão da jogadora estar grávida ou engravidar, como exceção ao art. 17, parágrafo 1:

a) compensação devida a uma jogadora será calculada da seguinte forma:

i. caso a jogadora não tenha assinado nenhum novo contrato após a rescisão de seu contrato anterior, como regra geral, a indenização será igual ao valor residual do contrato que foi rescindido prematuramente;

De maneira expressa, o art. 18quater.1 do RSTP prevê que a validade de um contrato celebrado entre uma atleta e um clube não estará condicionada ao fato de estar grávida, engravidar ou exercer os seus direitos de maternidade. Isso significa que um clube não pode invocar a gravidez ou a maternidade para não efetivar, terminar ou rescindir um contrato, como explica a própria FIFA em seus comentários sobre o RSTP:

> This provision is intended to operate in a similar manner to article 18 paragraph 4. If an employment contract contains a *pre-condition*

---

ii. caso a jogadora tenha assinado um novo contrato até o momento da decisão, o valor do novo contrato para o período correspondente ao tempo restante do contrato rescindido prematuramente será deduzido do valor residual do contrato que foi rescindido antecipadamente;

iii. em qualquer dos casos acima descritos, a jogadora terá direito a uma compensação adicional correspondente a seis salários mensais do contrato rescindido prematuramente;

iv. As convenções coletivas de trabalho validamente negociadas pelos representantes dos empregadores e dos trabalhadores a nível nacional, em conformidade com o direito nacional, podem afastar-se dos princípios acima estipulados. Os termos de tal acordo prevalecerão;

b) Para além da obrigação de indenização, serão impostas sanções desportivas a qualquer clube que tenha rescindido unilateralmente um contrato com base no fato de uma jogadora estar grávida ou engravidar, estar em licença maternidade ou utilizar direitos relacionados com a maternidade em geral. O clube será proibido de registrar novas jogadoras, nacional ou internacionalmente, por dois períodos de inscrição inteiros e consecutivos. O clube só poderá inscrever novas jogadoras, a nível nacional ou internacional, a partir do próximo período de registro após o cumprimento integral da sanção desportiva relevante. Em particular, não pode fazer uso da exceção e das medidas provisórias previstas no art. 6, parágrafo 1, alínea a), do presente regulamento, para registrar jogadoras numa fase anterior;

c) a sanção prevista no b) acima poderá ser aplicada cumulativamente com multa.

4. Quando uma jogadora engravida, tem o direito, durante a vigência do seu contrato, de:

a) continuar a prestar serviços desportivos ao seu clube (isto é, jogar e treinar), após a confirmação do seu médico assistente e de um profissional médico independente (escolhido por consenso entre a jogadora e o seu clube) de que é seguro para ela fazê-lo. Nesses casos, o clube tem a obrigação de respeitar a decisão e formalizar um plano para a sua participação desportiva continuada de forma segura, priorizando a sua saúde e a do nascituro;

b) prestar serviços de emprego ao seu clube de forma alternativa, caso o seu profissional considere que não é seguro para ela continuar os serviços desportivos, ou se optar por não exercer o seu direito de continuar a prestar serviços desportivos. Nesses casos, o clube tem a obrigação de respeitar a decisão e trabalhar com a jogadora para formalizar um plano para seu emprego alternativo. A jogadora terá direito a receber a sua remuneração integral, até o momento em que utilize a licença maternidade;

c) determinar, de forma independente, a data de início da sua licença maternidade, tendo em conta os períodos mínimos previstos (conforme Definições). Qualquer clube que pressionar ou obrigar uma jogadora a tirar licença-maternidade em um momento específico será sancionado pelo Comitê Disciplinar da FIFA;

d) retornar à atividade futebolística após o término de sua licença maternidade, após confirmação de seu médico assistente e de um profissional médico independente (escolhido por consenso entre a jogadora e seu clube) de que é seguro para ela fazê-lo. Nesses casos, o seu clube tem a obrigação de respeitar a decisão, reintegrá-la na atividade futebolística (cf. art. 6, parágrafo 1, alínea b), e prestar apoio médico permanente adequado. A jogadora terá direito a receber a sua remuneração integral após o seu regresso à atividade futebolística.

5. Uma jogadora deve ter a oportunidade de amamentar uma criança e/ou tirar leite materno enquanto presta serviços desportivos ao seu clube. Os clubes devem fornecer instalações adequadas de acordo com a legislação nacional aplicável no país de domicílio do clube ou um acordo coletivo de trabalho.

> or *condition precedent* regarding its validity, and such clause relates to one of these matters, it will be considered invalid, and disregarded. The intention is clear: a player's employment should not be conditioned in any way relating to pregnancy.(7)

Na hipótese de que um clube termine unilateralmente o contrato mantido com uma jogadora por qualquer ato ou fato relacionado à gravidez ou à maternidade, a rescisão será considerada como uma dispensa sem justa causa pelo clube, com a presunção relativa de que tenha ocorrido justamente em razão da gravidez ou da maternidade. Ao comentar o referido dispositivo, a FIFA menciona a sua origem nas recomendações feitas pela OIT:

> It is presumed, unless proven to the contrary by their club, that the unilateral termination of a contract by a club during a pregnancy or maternity leave occurred because of a player being or becoming pregnant. This also formed part of the general recommendations made by the ILO. This means that the club must provide evidence to demonstrate that the termination of the contract during this period was for some other form of just cause.(8)

Como consequência das restrições impostas às terminações unilaterais de contrato no contexto da gravidez ou da maternidade, o clube deverá compensar a atleta em valor correspondente ao total da remuneração que seria recebida até o final do contrato ilegalmente rescindido, deduzindo-se os valores recebidos pela jogadora na hipótese de celebrar um novo contrato que tenha período de vigência coincidente com o período remanescente do contrato ilegalmente rescindido. De qualquer forma, tenha a atleta celebrado ou não um novo contrato após a rescisão considerada ilegal, o clube deverá lhe pagar compensação adicional correspondente a seis salários mensais previstos no referido contrato.

Em respeito aos sistemas jurídicos de cada associação-membro, o RSTP faz a ressalva de que acordos ou convenções coletivas celebrados em âmbito doméstico podem trazer disposições distintas, as quais prevalecerão na respectiva jurisdição.

---

(7) Tradução Livre: Esta disposição destina-se a funcionar de forma semelhante ao art. 18, parágrafo 4. Se um contrato de emprego contiver uma pré-condição ou condição precedente quanto à sua validade, e tal cláusula se relacionar a um desses assuntos, ela será considerada inválida e desconsiderada. A intenção é clara: o emprego de uma jogadora não deve ser condicionado de forma alguma em relação à gravidez.

(8) Tradução Livre: Presume-se, salvo prova em contrário do seu clube, que a rescisão unilateral de um contrato por um clube durante a gravidez ou licença-maternidade ocorreu devido a jogadora estar grávida ou engravidar. Isso também fazia parte das recomendações gerais feitas pela OIT. Isso significa que o clube deve apresentar provas para demonstrar que a rescisão do contrato durante esse período foi por alguma outra forma de justa causa.

Não bastassem as compensações financeiras a que estão sujeitos os clubes que rescindirem antecipadamente os contratos celebrados com as suas atletas em razão, ainda que por presunção, da gravidez ou da maternidade, podem ser aplicadas sanções desportivas, cumulativamente. No caso, o clube pode ser proibido de registrar novas jogadoras, sejam oriundas de transferências nacionais, sejam oriundas de transferências internacionais, por dois períodos de registros inteiros e consecutivos.

Ao tratar do acúmulo de sanções aplicáveis ao clube que dispensa antecipadamente a sua jogadora pelo motivo da gravidez ou da maternidade, em diversas vertentes, a FIFA afirma se tratar de uma das mais sérias hipóteses de justa causa previstas nos seus regulamentos:

> The intention here is also clear: termination of employment on the grounds of a player being or becoming pregnant is deemed as one of the serious just causes within the FIFA regulatory framework. The damaged player must be compensated accordingly, and in addition to the payment of substantial compensation, the relevant club must be proportionately sanctioned.[9]

Na sequência do RSTP, estão previstos os direitos das atletas que engravidam durante a vigência do contrato celebrado com o seu clube. Com o objetivo de oferecer proteção integral à atleta grávida, o art. 18quarter.4 confere às jogadoras o direito de permanecerem no desempenho de sua atividade esportiva ou passarem a prestar os seus serviços de maneira alternativa, de acordo com as orientações dos médicos responsáveis, a serem escolhidos consensualmente entre a atleta e o clube, sempre visando à proteção e à segurança da gestante e do feto. Na hipótese de que não seja recomendada a continuidade das atividades em treinamentos e jogos, o clube deve respeitar a decisão médica e conceber um plano especial e seguro para que a jogadora possa prosseguir com as suas atividades esportivas, sempre com a manutenção da remuneração integral, até que se inicie o período da licença-maternidade.

Da mesma forma, as jogadoras podem escolher, com independência, o início da sua licença-maternidade, dentro dos parâmetros estabelecidos. Para reforçar a independência das atletas, o RSTP dispõe que eventual pressão exercida pelo clube para forçar as suas jogadoras a iniciarem o período de licença-maternidade em um

(9) Tradução Livre: A intenção aqui também é clara: a rescisão do contrato de trabalho com base em uma jogadora estar grávida ou engravidar é considerada uma das justas causas graves dentro do marco regulatório da FIFA. A jogadora prejudicada deve ser indenizada em conformidade e, além do pagamento de uma compensação substancial, o clube em questão deve ser proporcionalmente sancionado.

momento específico, que não seja o mais adequado para a atleta, deve ser sancionado pelo Comitê Disciplinar da FIFA.

De fato, os períodos da gravidez e da maternidade, abrangidos pelas regras de licença-maternidade, são bastante desafiadores para as jogadoras, entretanto a retomada do exercício da sua profissão de atleta é igualmente delicada.

Nesse sentido, o RSTP buscou proteger a atleta desde a gravidez até o efetivo retorno ao trabalho, garantindo-lhe o direito de retornar ao futebol após à licença-maternidade, desde que autorizada pelos médicos responsáveis, a serem escolhidos consensualmente entre a jogadora e o clube, com a avaliação feita com base no critério da segurança. O clube, por sua vez, não pode criar embaraços para que a jogadora retome o exercício de sua profissão de atleta, com suporte médico adequado à reintegração e remuneração integral.

Outro fator importante no momento de reintegração da atleta após o término da licença-maternidade é que a jogadora tenha a oportunidade de amamentar a criança ou lhe oferecer leite materno enquanto estiver exercendo as suas funções de atleta em favor do clube. Para viabilizar o exercício do direito da atleta de amamentar ou oferecer leite materno à criança, o clube deve oferecer instalações adequadas de acordo com a legislação nacional aplicável no país da associação-membro ou em atenção aos acordos ou convenções coletivas.

Embora a gravidez e a maternidade mereçam proteção plena e integral, na condição de direitos sociais, integrantes do catálogo de direitos humanos fundamentais e, portanto, elemento da dignidade da pessoa humana, não se pode negar que o clube ao qual a jogadora está vinculada estaria privado de utilizar os seus serviços.

Para que os clubes possam reequilibrar os seus elencos durante a gestação e a maternidade de suas atletas, quando for o caso, a FIFA entendeu conveniente modificar o art. 6 do RSTP para flexibilizar os períodos de registro, ou seja, o clube poderia contratar e registrar uma nova jogadora, em substituição à atleta que engravidou ou que se tornou mãe, mesmo que o período em que os clubes estejam autorizados a fazê-lo tenha se encerrado. Da mesma forma, uma atleta que encerra o seu período de licença-maternidade e precisa ser reintegrada ao clube pode ter seu registro efetuado após o término desse período. Segue reprodução do art. 6 do RSTP:

> **Article 6 — Registration periods**
>
> 1. Players may only be registered during one of the two annual registration periods fixed by the relevant association. Associations may fix different registration periods for their male and female competitions. As an exception to this rule, a professional

whose contract has expired prior to the end of a registration period may be registered outside that registration period. Associations are authorised to register such professionals provided due consideration is given to the sporting integrity of the relevant competition. Where a contract has been terminated with just cause, FIFA may take provisional measures in order to avoid abuse, subject to article 22.

a) As an exception to paragraph 1, a female player may be registered by an association outside of a registration period to temporarily replace a female player that has taken maternity leave. The period of the contract of the temporary replacement female player shall, unless otherwise mutually agreed, be from the date of registration until the day prior to the start of the first registration period after the return of the female player that has taken maternity leave.

b) A female player may be registered by an association outside of a registration period upon completion of her maternity leave (cf. article 18 paragraph 7; and article 18quater) subject to her contractual status.

c) Associations shall adapt their domestic rules accordingly. However, priority shall be given to ensuring that a female player that has returned from maternity leave is eligible to participate in domestic competitions, and the sporting integrity of the relevant competition.[(10)]

Na hipótese em que a jogadora tenha de se ausentar temporariamente do clube pela licença-maternidade antes do término do período de registro ou imediatamente após o término do período de registro, a FIFA autoriza que outra atleta possa ser registrada, mesmo com o período de registro já encerrado. Com o objetivo de proteger e garantir o retorno da jogadora que se ausentou pela licença-maternidade, a inscrição da atleta que a substitui é tratada como "substituição temporária", da mesma

(10) Tradução Livre: Art. 6 — Períodos de inscrição

1. Os jogadores só podem ser inscritos durante um dos dois períodos anuais de registro fixados pela respectiva associação. As associações podem fixar períodos de inscrição diferentes para as suas competições masculinas e femininas. Como exceção a essa regra, um profissional cujo contrato tenha expirado antes do término de um período de registro pode ser registrado fora desse período de registro. As associações estão autorizadas a inscrever esses profissionais, desde que seja dada a devida atenção à integridade desportiva da competição em causa. Quando um contrato foi rescindido com justa causa, a FIFA pode tomar medidas provisórias para evitar abusos, observado o art. 22.

a) Como exceção ao parágrafo 1, uma jogadora pode ser registrada por uma associação fora de um período de registo para substituir temporariamente uma jogadora que tenha gozado licença-maternidade. O período do contrato da jogadora substituta temporária será, salvo acordo mútuo em contrário, a partir da data de inscrição até o dia anterior ao início do primeiro período de registro após o retorno da jogadora que tirou licença-maternidade.

b) Uma jogadora pode ser inscrita por uma associação fora do período de inscrição após o cumprimento da sua licença-maternidade (conforme art. 18, parágrafo 7; e art. 18quater), sujeito a sua situação contratual.

c) As associações adaptarão as suas regras internas. No entanto, deve ser dada prioridade à garantia de que uma jogadora que tenha regressado da licença-maternidade seja elegível para participar em competições nacionais, bem como à integridade desportiva da respectiva competição.

forma que o seu contrato também é assim considerado. O interregno da "substituição temporária" inicia na data do registro e se encerra um dia antes do começo da próxima janela de registro após o retorno da jogadora em licença-maternidade. A FIFA explica a dinâmica da situação protetiva concebida:

> The contract that may be offered to the "temporary replacement" player reflects this approach. It shall, unless otherwise mutually agreed, be from the date of her registration until the day prior to the start of the first registration period after the return of the female player that has taken maternity leave. This also provides her with some contractual certainty – especially if the maternity leave period of the player that she is replacing ends outside of a registration period - and permits her a full registration period to find a new club after her "temporary replacement" contract expires.[11]

Certamente um dos principais desafios de uma entidade internacional como a FIFA, que ostenta função normativa, ainda que seja uma entidade privada, concorrendo, portanto, com a legislação pública de todas as suas mais de duzentas associações-membros, é encontrar regulamentos que sejam minimamente aplicáveis e exigíveis em relação a todos os seus filiados. Os diferentes sistemas jurídicos e a multiplicidade cultural que se verifica nos membros da FIFA exige que tenha flexibilidade no momento de criar e impor os seus regulamentos. No caso das questões relativas à gestação e à maternidade, a FIFA determinou que as suas regras são patamares mínimos a serem observados por todos os membros, sem prejuízo de aplicação das normas domésticas que porventura ofereçam proteção mais ampla, como é o caso do Brasil.

3.3. As Regras de Proteção à Maternidade da FIFA e os Regulamentos da CBF

O sistema piramidal das organizações esportivas, que caracteriza as principais modalidades, como é o caso do futebol, do basquete e do voleibol, por exemplo, coloca as entidades internacionais como o vértice dessa pirâmide, sendo-lhes subordinados todos os que estão posicionados abaixo, o que inclui as confederações

(11) Tradução Livre: O contrato que pode ser oferecido à jogadora "substituta temporária" reflete essa abordagem. Salvo mútuo acordo em contrário, será a partir da data da sua inscrição até ao dia anterior ao início do primeiro período de registro após o regresso da jogadora que gozou licença-maternidade. Isso também lhe dá alguma segurança contratual – especialmente se o período de licença-maternidade da jogadora que ela está substituindo termina fora de um período de registro – e permite que ela tenha um período de registro completo para encontrar um novo clube após o término do seu contrato de "substituição temporária".

continentais, as associações nacionais, os clubes e os atletas, para mencionar alguns daqueles que integram o sistema.

No futebol, a FIFA ocupa o vértice da pirâmide, logo acima das confederações continentais, como a *Union of European Football Associations* (UEFA) e a *Confederación Sudamericana de Fútbol* (CONMEBOL), que têm ascensão em relação às associações nacionais, como a *Real Federación Española de Fútbol* (RFEF) e a Confederação Brasileira de Futebol (CBF), respectivamente. No Brasil, ainda existem as federações estaduais, mas esse quadro invocado, como exemplo, é suficiente para os fins propostos.

No caso do Brasil, a CBF é a única entidade brasileira responsável pelo futebol, devidamente reconhecida pela FIFA e, portanto, inserida no sistema internacional do futebol organizado. O art. 5º do Estatuto Social da CBF esclarece:

> **Art. 5º** A CBF é filiada à Fédération Internationale de Football Association — FIFA, à Confederación Sudamericana de Fútbol — CONMEBOL e ao Comitê Olímpico Brasileiro — COB.
>
> **§ 1º** Por força de sua filiação à FIFA e à CONMEBOL, a CBF é a única entidade brasileira autorizada, de forma exclusiva, a dirigir e controlar o futebol no território brasileiro.
>
> **§ 2º** Compete à CBF representar com exclusividade o futebol brasileiro junto à FIFA, CONMEBOL, COB ou perante quaisquer outros órgãos ou entidades, em conformidade com suas disposições estatutárias e regulamentares.

Para a manutenção dessa vinculação à CONMEBOL e à FIFA, que lhe confere a condição de responsável pelo futebol organizado internamente, para conduzir a modalidade no Brasil, e externamente, para representar o futebol brasileiro no mundo, exige-se absoluta subserviência da CBF às referidas entidades internacionais, como reforça o texto do seu Estatuto Social:

> **Art. 12.** A CBF tem como objeto:
>
> (...)
>
> XIII – respeitar, cumprir e fazer cumprir os estatutos, regulamentos, diretrizes, decisões e demais atos originários da FIFA, da CONMEBOL e das demais entidades internacionais a que esteja filiada;
>
> (...)
>
> XX – impor a suspensão de entidade estadual de administração do futebol filiada ou de entidade de prática do futebol partícipe de competições de futebol, em casos de urgência e em caráter preventivo, que, diretamente ou por interposta pessoa

natural ou jurídica, cometa ou tolere infração, desobediência ou desrespeito aos Estatutos da FIFA, da CONMEBOL ou da CBF e demais normas vigentes aprovadas pela FIFA, pela CONMEBOL ou pela CBF;

(...)

§ 3º A CBF, para a consecução de seus fins, pode associar-se a outras instituições desportivas do país ou do exterior, cabendo-lhes com exclusividade a representação do futebol brasileiro no exterior e especialmente ante a FIFA e a CONMEBOL.

Os dispositivos estatutários da CBF ratificam a proposição de que deve plena obediência à CONMEBOL e à FIFA, inclusive como condição para que permaneça no sistema piramidal do esporte, razão pela qual deve respeitar todas as determinações da entidade internacional, inclusive naquilo que diz respeito aos itens obrigatórios dos regulamentos.

De acordo com a Circular 1473, de 14 de dezembro de 2020, publicada pela FIFA, todas as normas criadas e incluídas no RSTP em relação ao trabalho das atletas profissionais devem ser adotadas no âmbito nacional pelos seus membros, salvo se existirem condições mais favoráveis oriundas das normas de cada filiado, ao mencionar que "*the amendments described above are binding at national level, unless more favourable conditions are available pursuant to national law, and must be implemented domestically within six (6) months of entering into force*"(12).

No Brasil já existe uma legislação abrangente de proteção à maternidade, então, em tese, a CBF estaria desobrigada de reproduzir os dispositivos da FIFA relacionados à proteção do trabalho das jogadoras profissionais em seus regulamentos. A Constituição Federal, a CLT e a Lei Geral do Esporte são as principais fontes normativas brasileiras que protegem a maternidade, em todos os seus contornos, abrangendo as regras editadas pela FIFA.

Não obstante, a CBF logo ajustou o seu Regulamento Nacional de Registro e Transferência de Atletas de Futebol (RNRTAF) para incluir, expressamente, dispositivo do RSTP que protege a validade dos contratos das jogadoras no contexto da gestação e da maternidade, com menção específica ao contrato especial de trabalho desportivo, que passou a se chamar contrato especial de trabalho esportivo, pelo texto da Lei n. 14.597/2023, que institui a Lei Geral do Esporte:

Art. 11. Cabe ao clube contratante realizar todas as investigações, pesquisas, provas físicas e exames médicos necessários, sem prejuízo de outras medidas preventivas, antes de registrar o atleta e assumir todas as responsabilidades decorrentes.

(12) Tradução Livre: As alterações acima descritas são vinculativas a nível nacional, a menos que existam condições mais favoráveis nos termos da legislação nacional, e devem ser implementadas a nível nacional no prazo de seis meses após a entrada em vigor.

> **Parágrafo único.** A validade jurídica do contrato especial de trabalho desportivo não está sujeita:
>
> a) Ao resultado de exames médicos que um clube venha a realizar após a sua assinatura e que deveriam ter ocorrido antes da celebração do ajuste laboral;
>
> b) À obtenção de visto ou permissão de trabalho, quando se tratar de atleta estrangeiro, por força do art. 18.4 do FIFA RSTP;
>
> c) Ao fato de a atleta estar grávida ou engravidar durante a sua vigência, tampouco estar em licença maternidade ou gozando de direitos relativos à maternidade em geral, por força do art. 18quater.1 do FIFA RSTP (CBF, RNRTAF).

O inciso II do art. 373-A da CLT já tem a previsão de que é vedado "*recusar emprego, promoção ou motivar a dispensa do trabalho em razão de sexo, idade, cor, situação familiar ou estado de gravidez, salvo quando a natureza da atividade seja notória e publicamente incompatível*", e o § 10 do art. 86 da Lei Geral do Esporte já dispõe que "*(o)s contratos celebrados com atletas mulheres, ainda que de natureza cível, não poderão ter qualquer tipo de condicionante relativo a gravidez, a licença-maternidade ou a questões referentes a maternidade em geral*". O RNRTAF da CBF, entretanto, optou por reproduzir literalmente o texto do RSTP, mencionando, inclusive, a sua origem no art. 18quater.1, para consignar que a validade jurídica do contrato especial de trabalho desportivo não pode estar sujeita à gestação ou à maternidade.

A vinculação existente entre a CBF e a FIFA exige o respeito da primeira às normas impostas pela segunda, mas não se pode olvidar, em qualquer hipótese, que a CBF é uma associação civil de fins não econômicos constituída no Brasil, sob a égide das leis brasileiras, desde a Constituição Federal, passando pelo Código Civil, até a Lei Geral do Esporte, devendo obediência ao valor supremo do ordenamento jurídico brasileiro, que é a dignidade da pessoa humana, expressamente mencionado no seu texto estatutário:

> **Art. 11.** A CBF não exercerá atividades político-partidárias nem religiosas, sendo terminantemente proibido qualquer tipo de discriminação ou preconceito por questões de gênero, raça, cor da pele, origem étnica, idioma, religião ou por qualquer outra razão que afronte a dignidade humana.

Outra peculiaridade do esporte em relação às regras constitucionais e infraconstitucionais do ordenamento jurídico brasileiro diz respeito ao período de registro, ou seja, quando um jogador ou jogadora pode ser inscrito junto a uma determinada associação nacional filiada à FIFA para participar de competições oficiais. As regras emanadas pela FIFA e observadas pelas associações nacionais não impede a contratação de atletas por um clube em qualquer época do ano, mas restringe o direito de efetivar a sua inscrição para que esteja apto a participar das competições do calendário oficial, tudo com o intuito de promover o respeito aos contratos e a estabilidade das competições.

Ao se analisarem as regras da FIFA sobre a especial proteção ao trabalho das mulheres, verificou-se a inclusão de exceção às regras relacionadas aos períodos de registro. Justamente para não desfalcar os clubes que tenham atletas afastadas por conta da gestação ou da maternidade, o RSTP permitiu que sejam contratadas outras jogadoras para reposição da equipe e que sejam registradas, para fins de participação nas competições oficiais, mesmo fora dos períodos de registro. A CBF não reproduziu, de maneira literal, a exceção criada pela FIFA aos períodos de registro no contexto da gestação e da maternidade, mas deixou claro que respeitará todas as exceções criadas pelo FIFA RSTP, o que, naturalmente, abrange a autorização em comento:

> **Art. 33.** A transferência nacional de atleta profissional no clube de origem e/ou de destino para clube participante do Campeonato Brasileiro Série A ou Série B de 2022 deve ser efetuada em observância a um dos dois períodos de registros anuais fixados pela CBF.
>
> (...)
>
> **§ 3º** Só é admitida a solicitação de transferência em exceção ao disposto no *caput* caso seja comprovada:
>
> a) A rescisão por mútuo acordo ou encerramento do contrato especial de trabalho desportivo com o clube anterior antes do término do período de registro anterior, e desde que o atleta esteja sendo contratado pelo seu novo clube como profissional; ou
> b) A rescisão na forma do art. 31 da Lei n. 9.615/98 com o clube anterior; ou
>
> c) A incidência de quaisquer outras exceções aplicáveis e vigentes conforme o FIFA RSTP.

Ainda que o ordenamento jurídico brasileiro tenha regras sobre a proteção à maternidade, o fato de se tratar de um direito social, integrante do catálogo dos direitos humanos fundamentais e, portanto, elemento da dignidade da pessoa humana, impõe que a CBF, enquanto responsável pela direção do futebol brasileiro, promova ações e edite regulamentos que tenham o condão de impedir qualquer forma de discriminação contra as jogadoras no contexto da gestação e da maternidade.

3.4. O Precedente da FIFA sobre a Proteção à Maternidade

Após a publicação da Circular FIFA 1473, de 14 de dezembro de 2020, que trouxe ao RSTP regras sobre proteção à maternidade, o primeiro caso que discutiu a aplicação do novo marco regulatório sobre o tema se tornou paradigmático.

Com o objetivo de oferecer meio de resolução de disputas de dimensão internacional ao mercado do futebol, a FIFA mantém o FIFA *Football Tribunal*, ou o Tribunal do Futebol da FIFA, que é composto por três câmaras, a saber, a *Dispute Resolution Chamber* (DRC), ou Câmara de Resolução de Disputas, a *Players' Status Chamber* (PSC), ou Câmara de *Status* dos Jogadores, e a *Agents Chamber* (AC), ou Câmara de Agentes, tudo de acordo com o art. 54 do Estatuto da FIFA.

Para o estudo da decisão que será abordada neste tópico, é relevante compreender que o RSTP especifica as competências de cada câmara do Tribunal do Futebol da FIFA, tendo que o DRC competência para apreciar e julgar disputas trabalhistas de dimensão internacional entre clubes e atletas, pela combinação das previsões dos arts. 22, 1, b, e 23, 1, do RSTP:

> **22. Competence of FIFA**
>
> 1. Without prejudice to the right of any player, coach, association, or club to seek redress before a civil court for employment-related disputes, FIFA is competent to hear:
>
> (...)
>
> b) employment-related disputes between a club and a player of an international dimension; the aforementioned parties may, however, explicitly opt in writing for such disputes to be decided by an independent arbitration tribunal that has been established at national level within the framework of the association and/or a collective bargaining agreement. Any such arbitration clause must be included either directly in the contract or in a collective bargaining agreement applicable on the parties. The independent national arbitration tribunal must guarantee fair proceedings and respect the principle of equal representation of players and clubs;
>
> (...)
>
> **23. Football Tribunal**
>
> 1. The Dispute Resolution Chamber of the Football Tribunal shall adjudicate on any of the cases described in article 22 paragraphs 1 a), b), d), e) and f).[13]

---

(13) Tradução Livre: 22. Competência da FIFA

1. Sem prejuízo do direito de qualquer jogador, treinador, associação ou clube de procurar reparação perante um tribunal civil por litígios relacionados ao emprego, a FIFA é competente para ouvir:

(...)

b) disputas trabalhistas entre um clube e um jogador de dimensão internacional; as partes acima referidas podem, no entanto, optar explicitamente por escrito para que tais litígios sejam decididos por um tribunal arbitral independente que tenha sido estabelecido a nível nacional no âmbito da associação e/ou de uma convenção coletiva de trabalho. Qualquer cláusula compromissória deve ser incluída diretamente no contrato ou em um acordo coletivo de trabalho aplicável às partes. O tribunal arbitral nacional independente deve garantir processos justos e respeitar o princípio da representação equitativa de jogadores e clubes;

(...)

No exercício da sua competência de apreciar e julgar disputas trabalhistas de dimensão internacional entre clubes e atletas, o DRC recebeu demanda proposta pela atleta profissional de futebol islandesa Sara Björk Gunnarsdottír em desfavor do clube francês Olympique Lyonnais, em 10 de setembro de 2021, que tramitou sob o número FPSD-3626.

A jogadora e o clube celebraram contrato de trabalho pelo prazo de duas temporadas, iniciando-se em 1º de julho de 2020, com término previsto para 30 de junho de 2022, mediante salário mensal de EUR 17,000 (dezessete mil euros) durante o primeiro ano e EUR 18,000 (dezoito mil euros) durante o segundo ano, além de EUR 1,000 (mil euros) de auxílio-moradia.

No contrato de trabalho celebrado entre as partes ficou estabelecido que a legislação aplicável seria o Código do Esporte, a Convenção Coletiva Nacional do Esporte e o Regulamento do *Status* das Atletas Mulheres, todos de origem francesa. Além disso, as regras da seguridade social francesa eram de observância obrigatória.

Em meados de março de 2021, ou seja, antes de completar a sua primeira temporada pelo clube francês, a jogadora islandesa informou aos seus superiores hierárquicos que estava grávida. Poucos dias após o anúncio, a atleta recebeu a recomendação médica para que ficasse afastada do trabalho para a preservação da sua saúde e da saúde do feto.

Diante da gravidez da sua jogadora, o clube francês convocou uma reunião feita por vídeo, no dia 29 de março de 2021, pela qual as partes esclareceram os acontecimentos, inclusive a recomendação médica, e a diretoria da equipe autorizou a atleta a voltar para a Islândia, seu país de origem, para junto de sua família, onde teria melhores condições de cuidar da gestação que tinha acabado de ser iniciada. Em 30 de março de 2021, o clube francês procurou a seguridade social do país para pleitear benefício disponível às gestantes.

Ao longo do mês de abril de 2021, já na Islândia com a sua família, a atleta divulgou a sua gravidez pelas redes sociais, tornando-a pública, pela primeira vez, sendo imediatamente cumprimentada pelo clube francês, que também o fez de maneira pública, pelas mesmas redes sociais. No dia 30 de abril de 2021, um mês após o pedido feito pelo clube francês, a seguridade social concedeu o benefício para gestantes pleiteado.

---

23. Tribunal do Futebol

1. A Câmara de Resolução de Litígios do Tribunal do Futebol julgará qualquer dos casos descritos nas alíneas a), b), d), e) e f) do § 1 do art. 22.

Todavia, desde o retorno da atleta à Islândia, o clube deixou de pagar integralmente os seus salários, sem qualquer aviso ou formalização dos motivos pelos quais isso aconteceria, a despeito de terem se reunido oficialmente para tratar da gestação e da maternidade naquela reunião feita por vídeo em 29 de março de 2021.

Com os problemas identificados no pagamento dos salários, a *Union Nationale des Footballeurs Professionnels* (UNFP), ou o Sindicado Nacional dos Futebolistas Profissionais, sediado na França, notificou o Olympique Lyonnais em nome da jogadora, no início do mês de junho de 2021, para questionar os motivos pelos quais os seus salários não tinham sido pagos na sua integralidade, já que as regras de proteção à maternidade do RSTP determinam que os salários das atletas gestantes devem ser pagos integralmente durante a gestação até a licença-maternidade, cujo prazo mínimo seria de 14 (catorze) semanas, das quais 8 (oito) semanas seriam obrigatoriamente após o nascimento. Não bastasse isso, a UNFP também invocou a Convenção Coletiva Nacional do Esporte, que determina o pagamento integral dos salários por 90 (noventa) dias a partir da licença. O clube francês simplesmente não respondeu à notificação.

Sem qualquer posicionamento do clube sobre os pagamentos reduzidos feitos à jogadora desde o retorno à Islândia, o agente da atleta foi pessoalmente buscar os esclarecimentos necessários, no início do mês de julho de 2021, sendo-lhe requisitados os comprovantes dos pagamentos efetuados, como forma de comprovar as diferenças. Após receber os comprovantes, o clube francês se comprometeu a analisá-los e, então, oferecer uma resposta.

O clube se manteve em silêncio, a despeito de ter se comprometido a prestar os esclarecimentos necessários, e a atleta, novamente, não recebeu o valor integral do seu salário no mês de julho de 2021, razão pela qual entendeu oportuno notificar o empregador a efetuar o pagamento de EUR 44,828 (quarenta e quatro mil, oitocentos e vinte e oito euros), justamente o correspondente às diferenças de salários e auxílio-moradia identificadas desde o retorno à Islândia, concedendo-lhe o prazo de 10 (dez) dias.

Em atenção à notificação, ainda no mês de julho de 2021, finalmente o Olympique Lyonnais se manifestou no sentido de que a atleta havia sido colocada em licença-maternidade desde 26 de março de 2021 até 23 de setembro de 2021, período em que permaneceria na Islândia e estaria impedida do exercício de qualquer atividade em favor do empregador. Nesse contexto, a legislação francesa seria aplicável ao caso, justificando-se os pagamentos inferiores em discussão.

Até o momento em que recebeu a resposta do clube francês, a jogadora não sabia exatamente qual seria o fundamento jurídico para os pagamentos parciais dos seus salários, se é que realmente existia. Com esse esclarecimento feito pelo Olympique Lyonnais, a atleta islandesa endereçou nova notificação, dizendo ao clube que deveria respeitar fielmente o art. 18quater do RSTP, pelo qual teria garantido o direito de receber a remuneração integral durante a gestação, até o momento em que decidisse, a seu exclusivo critério, iniciar o período da licença-maternidade. Explicou, ainda, que o afastamento das atividades profissionais da atleta desde o final de março de 2021 decorria de recomendação médica, mas isso não significava, em qualquer hipótese, o início do período da licença-maternidade. A jogadora ainda esclareceu que a restrição médica para a prestação de serviços esportivos não impedia a ativação em outras atividades, mas que isso jamais havia sido solicitado ou sugerido pelo clube francês.

A partir do momento em que o clube explicou à jogadora que estava seguindo a legislação francesa, enquanto a atleta entendia serem aplicáveis as regras de proteção à maternidade do RSTP FIFA, a controvérsia estava estabelecida, ou seja, passava a ser claro o ponto da divergência.

Em resposta derradeira enviada em 10 de agosto de 2021, antes da propositura da demanda junto ao DRC, o Olympique Lyonnais manteve o posicionamento de que a sua conduta simplesmente respeitava a intenção da atleta de voltar à Islândia, para viver a sua gestação juntamente com a sua família, ao mesmo tempo em que fazia tudo o que lhe era possível no sentido de incluí-la no sistema de proteção à maternidade disponibilizado pela legislação francesa, que, basicamente, previa o pagamento de ajuda de custo diária pelo período em que estivesse fora do país.

Como o Olympique Lyonnais insistiu em não respeitar as regras de proteção à maternidade do RSTP, a jogadora entendeu que não lhe restava opção além de buscar o DRC para pleitear os seus direitos.

Como mencionado anteriormente, o caso foi aberto em 10 de setembro de 2021, tendo início o período de licença-maternidade em 24 de setembro de 2021, tudo devidamente documentado nos autos. A jogadora islandesa pedia que o clube francês fosse condenado a lhe pagar EUR 83,472.61 (oitenta e três mil, quatrocentos e setenta e dois euros e sessenta e um centavos), correspondentes às diferenças de salários e auxílio-moradia entre os meses de abril e setembro de 2021.

O fundamento jurídico da pretensão levada pela jogadora islandesa ao DRC era justamente o art. 18quater do RSTP, pelo qual deveria receber integralmente os seus salários até o período em que se colocasse em licença-maternidade, independentemente de prestar serviços esportivos ou quaisquer outros. A atleta defendia que a prestação de outros serviços, que não de natureza esportiva, durante o período de restrição médica, antecedente à licença-maternidade, não constituía pré-requisito para o recebimento integral da sua remuneração, especialmente pelo fato de que o clube francês não havia solicitado ou sugerido prestação alternativa. A jogadora acrescentou que o retorno à Islândia, negociado e consentido pelo clube francês, também ocorreu pela Pandemia da Covid-19, que indicava a necessidade de especial resguardo para evitar a contaminação, cujos efeitos poderiam ser mais prejudiciais no contexto da gestação, e que jamais houve qualquer menção à redução salarial pelo Olympique Lyonnais.

Para concluir os seus argumentos pela aplicabilidade do art. 18quater do RSTP, a jogadora lembrou que as regras estabelecidas pelo regulamento internacional não seriam aplicáveis apenas nos casos em que as regras domésticas fossem mais favoráveis, o que não se verificava na análise da legislação francesa, bem como que não seguir o RSTP constituiria discriminação e um retrocesso na luta pela igualdade de gênero: "*the pregnancy and maternity dispositions were implemented to protect female players in such pivotal and central moment of their lives not only as professional footballers but also as individuals*"(14).

Em sua defesa, o clube francês negou qualquer forma de discriminação, por ter sido sempre um defensor dos direitos das mulheres e da igualdade de tratamento entre o futebol masculino e o futebol feminino.

Com base nessa premissa, o Olympique Lyonnais reiterou o argumento lançado desde a sua primeira manifestação, ainda no âmbito das notificações precedentes à abertura do caso, pelo qual o retorno à Islândia teria sido um pedido da jogadora, para que fosse tratada por médico que tivesse o domínio do seu idioma nativo e para que pudesse cuidar melhor do seu bebê, ainda que a sua atividade profissional ficasse prejudicada, enquanto a seguridade social francesa pagasse a ajuda de custo diária, desde que a beneficiária vivesse e morasse na França, na União Europeia ou na Área Econômica Europeia, o que não aconteceu, já que a Islândia não estaria incluída nesses territórios.

Ainda em sua argumentação, o Olympique Lyonnais defendeu que o art. 18quater do RSTP seria aplicável desde que a jogadora estivesse, de alguma forma,

(14) Tradução Livre: As disposições de gravidez e maternidade foram implementadas para proteger as jogadoras mulheres em um momento crucial e central de suas vidas, não apenas como jogadoras de futebol profissionais, mas também como indivíduos.

vinculada ao clube fisicamente, mas a opção da atleta teria sido de se afastar da equipe para voltar à Islândia.

Como a jogadora se colocou em licença-maternidade em 24 de setembro de 2021, a partir dessa data, o art. 18quater do RSTP definia que a jogadora receberia dois terços de sua remuneração, o que não parecia algo controvertido na disputa.

Outro argumento trazido pelo clube francês foi no sentido de que o DRC não seria competente para apreciar e julgar o caso, mas as autoridades trabalhistas francesas, especialmente pela legislação aplicável indicada no contrato de trabalho celebrado com a jogadora.

Passando ao conteúdo decisório da disputa, o painel do DRC, composto pelo holandês Franns de Weger, pela australiana Angela Collins e pelo qatari Dana Mohamed Al-Noaimi, afirmou ser sua a competência de apreciar e julgar o caso, ao passo que a jurisprudência consolidada somente rejeita essa atribuição nas hipóteses em que o contrato em análise proíba a intervenção do DRC de forma clara, exclusiva e inequívoca.

Quanto ao mérito do litígio, o DRC compreendeu se tratar de disputa sobre a aplicação e interpretação do art. 18quater do RSTP, especificamente acerca do direito, ou não, de a jogadora receber a remuneração integral durante a gestação, antes de adentrar o período da licença-maternidade.

Para justificar a sua decisão, notadamente no primeiro caso de que se teve notícia após a introdução das regras de proteção à maternidade da FIFA, o DRC relembrou que o art. 18quater tem origem na Convenção n. 183 da OIT, ou seja, não é uma criação descontextualizada da organização internacional do futebol, mas uma abordagem já feita por um organismo da envergadura da OIT.

Nesse sentido, o DRC reconheceu que as disposições sobre a maternidade do RSTP abrangem o dever de cuidado do empregador com o objetivo precípuo de conferir proteção à gestação da jogadora.

O DRC ainda considerou que o retorno da jogadora à Islândia se originou de um combinado feito com o clube francês, diante do fato de que não poderia prestar serviços esportivos durante a gestação, o que não justificaria o pagamento de diárias de ajuda de custo ou quaisquer outros pagamentos esparsos, que não a integralidade dos salários pactuados durante o período.

Ao enfrentar o argumento do clube francês de que a jogadora não lhe prestou serviços alternativos durante o tempo em que estava proibida de prestar serviços esportivos, o DRC definiu que isso não constitui óbice à percepção dos direitos estabelecidos pelo art. 18quater do RSTP, tanto pelo fato de que o próprio Olympique Lyonnais não tratou do assunto antes das notificações precedentes à abertura do caso, quanto pelo fato de que a jogadora se colocou à disposição para contar a sua história sobre formar uma família, mas o clube francês não deu prosseguimento. O dever de criar alternativas à prestação dos serviços esportivos recai sobre clube e atleta, conjuntamente.

Para o DRC, a única hipótese em que seria possível o clube francês justificar a redução de salário seria ter sido claro e direto com a atleta sobre a existência de consequências financeiras decorrentes do seu retorno à Islândia, nos entendimentos que precederam a autorização para que o fizesse — o Olympique Lyonnais jamais fez qualquer ressalva antes de autorizar o retorno da jogadora e, portanto, não poderia fazê-lo depois do efetivo regresso, sem aviso prévio.

Em decisão proferida em 19 de maio de 2022, a FIFA DRC reconheceu que a atleta islandesa não poderia ter experimentado redução na sua remuneração e, consequentemente, condenou o clube francês a lhe pagar EUR 82,094.82 (oitenta e dois mil, noventa e quatro euros e oitenta e dois centavos), acrescidos de juros de 5% a.a. (cinco por cento), correspondentes às diferenças entre o valor integral da remuneração devida e o que foi efetivamente recebido da seguridade social francesa e do próprio Olympique Lyonnais, entre o retorno à Islândia, em abril de 2021, até o início da licença-maternidade, em setembro de 2021, quando passam a incidir outras regras do RSTP.

Não necessariamente todos os casos julgados pelo DRC são publicados no *site* oficial da FIFA, ao menos em período próximo à data da decisão, ou seja, é possível que existam outras disputas envolvendo as regras de proteção à maternidade introduzidas no RSTP a partir da Circular FIFA 1473, de 14 de dezembro de 2020, mas esse litígio entre a atleta profissional islandesa Sara Björk Gunnarsdóttir e o clube francês Olympique Lyonnais é certamente paradigmático.

O caso é especialmente interessante por apresentar um amplo substrato fático, que inclui a celebração de um contrato de trabalho com indicação de aplicação da legislação francesa, e não do RSTP, com o desdobramento para a discussão de competência para apreciação e julgamento, a restrição médica para a prestação de serviços esportivos e a ausência de prestação de serviços alternativos, o retorno da atleta ao seu país de origem, que não era o mesmo da sede do clube, além do oferecimento de assistência financeira pelo clube e pelo sistema francês de seguridade social. Não se trata de um caso extremo, em que o clube empregador simplesmente dispensa a sua atleta sem qualquer compensação ou direito, ao ter notícia da gravidez.

Na decisão proferida pelo DRC, no contexto de todas essas circunstâncias, prevaleceu o interesse da gestante e, naturalmente, do seu próprio filho, ao serem aplicadas as novas regras do RSTP, por se tratar de um caso de dimensão internacional, em que as regras domésticas eram menos favoráveis à jogadora. O RSTP protegia a maternidade de maneira mais efetiva em comparação com a legislação francesa.

O posicionamento do DRC nessa disputa, ainda que seja o primeiro enfrentamento do tema com publicação oficial, indica que efetivamente promoverá as regras mais protetivas à maternidade, quando um caso de dimensão internacional colocar em confronto os regulamentos da FIFA e a legislação doméstica.

A mudança do RSTP para incluir regras claras de proteção à maternidade não é suficiente, por si, para dar segurança e liberdade às mulheres no momento de escolherem a maternidade, o que somente será possível com a reiteração de decisões que promovam, de forma ampla, os preceitos protetivos que possam superar qualquer forma de preconceito e discriminação.

3.5. O Precedente da FIVB sobre a Proteção à Maternidade

É possível encontrar disposições relativas aos direitos humanos fundamentais nos regulamentos das organizações esportivas nacionais e internacionais, mas ainda não está difundida a existência de regras específicas sobre a proteção à maternidade em seus textos, especialmente no âmbito das relações mantidas entre as jogadoras e seus clubes, como acontece no caso narrado do RSTP.

O crescente debate sobre o tema, entretanto, parece estimular a atuação prestacional das organizações esportivas nacionais e internacionais para enfrentarem assuntos específicos sobre os direitos humanos fundamentais em seus regulamentos, para além de disposições genéricas nos seus atos constitutivos, especialmente em seus estatutos. Sobre o tema:

> Entendendo esse pluralismo que orbita em um sistema transacional e autônomo, o esporte precisa construir, nos seus regulamentos, regras que respeitem direitos fundamentais, tratados internacionais, princípios gerais do Direito e também seus principais regramentos internos.
>
> Se o esporte não entender esse diálogo com outros ordenamentos constitucionais e a necessária proteção de direitos humanos, o estado vai agir, provocando irritações, enfraquecendo a autonomia e exigindo transformações internas (Melo, 2023, p. 125).

A FIVB é um exemplo de organização esportiva internacional que tem previsões genéricas relativas à não discriminação, aos direitos humanos e à dignidade, com menção protetiva ao período da gestação, mas não regras específicas que possam ser aplicadas diretamente a casos concretos.

O ato constitutivo da FIVB, atualizado em 2022, limita-se a incluir entre os seus princípios fundamentais indicados no item 1.5 cláusula de não discriminação:

> **1.5. FUNDAMENTAL PRINCIPLES**
>
> (...)
>
> 1.5.4. No discrimination
>
> The FIVB shall not discriminate between individuals or between nations and shall refrain from any involvement in political, religious, philosophical or racial matters.[15]

Já o Código de Ética da FIVB, igualmente atualizado em 2022, ainda de forma genérica, mas com maior abrangência, discorre sobre os seus princípios fundamentais, alicerçados no respeito pelos princípios éticos fundamentas universais como fundamento do olimpismo, dentre os quais o respeito às convenções internacionais de proteção aos direitos humanos, como forma de garantir o respeito pela dignidade humana e a não discriminação em todas as suas vertentes:

> **9. FUNDAMENTAL PRINCIPLES**
>
> 9.1 Respect for the universal fundamental ethical principles is the foundation of Olympism.
>
> 9.2 These include:
>
> 9.2.1 Respect for the Olympic spirit, which requires mutual understanding with a spirit of friendship, solidarity and fair play;
>
> 9.2.2 Respect of the principle of the universality and political neutrality of the Olympic Movement;
>
> 9.2.3 Maintaining harmonious relations with state authorities, while respecting the principle of autonomy as set out in the Olympic Charter, the FIVB Constitution and Regulations;

---

(15) Tradução Livre: 1.5 PRINCÍPIOS FUNDAMENTAIS

(...)

1.5.4 Não discriminação

A FIVB não deve promover discriminação entre indivíduos ou entre nações e se abster de qualquer envolvimento em questões políticas, religiosas, filosóficas ou raciais.

> 9.2.4 Respect for international conventions on protecting human rights insofar as they apply to the FIVB activities and which ensure in particular:
>
> — respect for human dignity;
>
> — rejection of discrimination of any kind on whatever grounds, be it race, colour, sex, sexual orientation, language, religion, political or other opinion, national or social origin, property, birth or other status; and
>
> — rejection of all forms of harassment and abuse, be it physical, professional or sexual, and any physical or mental injuries;
>
> 9.2.5. Ensuring the Parties' conditions of safety, well-being and medical care favourable to their physical and mental equilibrium[16].

No Regulamento Disciplinar da FIVB, atualizado em 2023, há um reforço da vedação à discriminação, com a previsão de aplicação de penalidade àqueles que violarem as regras estabelecidas, mas ainda sem menção específica ao contexto da maternidade:

> 8. OFFENSIVE BEHAVIOUR AND DISCRIMINATION
>
> (...)
>
> 8.4. Discrimination
>
> Any Party who offends the dignity or integrity of a country, a person or group of people through contemptuous, discriminatory or derogatory words or actions (by any means whatsoever) on account of race, skin colour, ethnicity, national or social

---

(16) Tradução Livre: 9. PRINCÍPIOS FUNDAMENTAIS

9.1 O respeito pelos princípios éticos fundamentais universais é a base do Olimpismo.

9.2 Estes incluem:

9.2.1 Respeito ao espírito olímpico, que exige compreensão mútua com espírito de amizade, solidariedade e fair play;

9.2.2 Respeito ao princípio da universalidade e neutralidade política do Movimento Olímpico;

9.2.3 Manter relações harmoniosas com as autoridades estatais, respeitando o princípio da autonomia estabelecido na Carta Olímpica, na Constituição e nos Regulamentos da FIVB;

9.2.4 Respeito pelas convenções internacionais sobre a proteção dos direitos humanos, na medida em que se apliquem às atividades da FIVB e que garantam, nomeadamente:

— respeito pela dignidade humana;

— rejeição de qualquer tipo de discriminação por qualquer motivo, seja raça, cor, sexo, orientação sexual, língua, religião, opinião política ou outra, origem nacional ou social, propriedade, nascimento ou outra condição; e

— rejeição de todas as formas de assédio e abuso, sejam físicos, profissionais ou sexuais, e quaisquer lesões físicas ou mentais;

9.2.5 Assegurar às Partes condições de segurança, bem-estar e cuidados médicos favoráveis ao seu equilíbrio físico e mental.

origin, gender, disability, sexual orientation, language, religion, political opinion, birth or any other status or any other reason (including any such conduct in violation of the FIVB Policy against Harassment and Abuse) shall be sanctioned in accordance with the severity of the discrimination.(17)

Finalmente, no Regulamento Médico e Antidopagem da FIVB, o tema da maternidade foi literalmente endereçado, incluindo-se restrições às atividades das árbitras e das jogadoras no contexto da gestação. No seu art. 24.C.2, o texto do regulamento indica o período posterior a 6 (seis) meses de gravidez como incompatível com a atividade dos árbitros nas competições oficiais da FIVB. A ressalva é que o dispositivo anuncia uma lista de "doenças", e a gravidez, definitivamente, não é uma doença.

Já no art. 24.G, o Regulamento Médico e Antidopagem da FIVB trata das atletas gestantes, de forma superficial, somente para lembrar que a atuação das jogadoras grávidas deve ser considerada em cada caso concreto, respeitando-se as determinações médicas:

> PLAYING WHILE PREGNANT
>
> Participation in any physical activity during pregnancy must always be considered on an individual basis, taking into account the personal obstetric and medical history of the woman. There is a current consensus that the benefits of exercise during pregnancy far outweigh the risks in a healthy pregnant woman provided that she has consulted her doctor.(18)

O máximo que fez a FIVB sobre a proteção à maternidade, portanto, foi justamente impor uma limitação à atuação das árbitras e lembrar às jogadoras que devem

---

(17) Tradução Livre: 8. COMPORTAMENTO OFENSIVO E DISCRIMINAÇÃO

(...)

8.4. Discriminação

Qualquer Parte que ofenda a dignidade ou integridade de um país, uma pessoa ou grupo de pessoas por meio de palavras ou ações desdenhosas, discriminatórias ou depreciativas (por qualquer meio) em razão de raça, cor da pele, etnia, origem nacional ou social, gênero, deficiência, orientação sexual, idioma, religião, opinião política, nascimento ou qualquer outra condição ou qualquer outro motivo (incluindo qualquer conduta em violação da Política da FIVB contra Assédio e Abuso) será sancionada de acordo com a gravidade da discriminação.

(18) Tradução Livre: JOGANDO DURANTE A GRAVIDEZ

A participação em qualquer atividade física durante a gravidez deve ser sempre considerada de forma individual, levando em consideração o histórico obstétrico e médico pessoal da mulher. Existe um consenso atual de que os benefícios do exercício durante a gravidez superam em muito os riscos em uma mulher grávida saudável, desde que ela tenha consultado seu médico.

seguir as orientações dos seus médicos para avaliar a conveniência de continuarem jogando durante a gravidez.

A principal oportunidade que a FIVB tem para endereçar o assunto de maneira clara e objetiva, criando regras que efetivamente protejam as atletas no contexto da maternidade, é pelo texto Regulamento Esportivo, que, até a atualização de 2023, não havia incluído disposições correlatas.

No Regulamento Esportivo da FIVB, existem regras sobre elegibilidade e transferência de atletas, agentes licenciados pela FIVB e disputas financeiras entre clubes, jogadores, agentes licenciados pela FIVB e técnicos, sendo o espaço regulamentar apropriado para tratar da proteção à maternidade.

A despeito de inexistirem regras objetivamente relacionadas ao direito de proteção à maternidade nos regulamentos da FIVB, as relações mantidas entre clubes e jogadoras podem exigir que o sistema de resolução de disputas criado e mantido pela referida organização esportiva internacional tenha que resolver casos sobre o assunto. E, naturalmente, os julgadores não podem invocar a ausência de regramento específico sobre o tema quando provocados para decidirem disputas envolvendo a maternidade.

No Capítulo 9 do Regulamento Esportivo da FIVB, denominado "*Complaint Process*", houve a criação de um sistema de resolução de disputas financeiras envolvendo clubes, jogadores, técnicos e agentes licenciados pela FIVB. Para os casos em que a disputa envolve partes relacionadas a uma mesma confederação, a FIVB pode lhe delegar a competência para resolver o litígio, reservando-se o direito de estender as punições porventura aplicadas para o âmbito internacional.

Nesse contexto, a *Confédération Européenne de Volleyball* (CEV), que representa a FIVB no continente europeu, recebeu reclamação apresentada pela atleta sérvia Ana Zivojnovic em desfavor do clube grego Olympiakos SFP Piraeus, que tramitou sob o número CC279/2021.

Entre os temas debatidos na indigitada disputa financeira estava justamente uma cláusula contratual que consistia em declaração da atleta sobre não estar grávida no ato da contratação, comprometendo-se, ainda, a não engravidar durante a temporada, sob pena de reembolsar o clube por todas as despesas incorridas com a sua contratação e salários pagos, além da rescisão contratual, como se extrai do relatório da decisão:

> 14. Notwithstanding the above, in its reply the Respondent referred to Art. 6.1. of the Contract, which reads as follows: "*The Player solemnly declares that she is not pregnant at the present moment of execution of this*

> *Contract and undertakes the obligation not to become pregnant during the entire gaming season; In addition of paragraph VI art. 1, if the player becomes pregnant before she arrives in Greece for preparation, then the player is obliged to give back to the club any cost like, installation costs, CEV transfer fee, Hellenic Federation Fee, taxation Fee, Residence's card fee. If the plaver becomes pregnant during the season, she is obliged to give back all the salaries she is supposed to receive the Player solemnly declares that she doesn't have any chronic health problems, which may influence/affect/hinder/obstruct in any way her performance during the Contact. In the event that, the above statements and undertakings become inaccurate or false in any way, the Player shall be deemed in default and the present Contract may be terminated.*" (emphasis added).(19)

Lastreado na disposição contratual contida na transcrição acima, o clube entendeu que a atleta violou o contrato ao engravidar e, por isso, não deveria receber qualquer pagamento posterior ao fato. A atleta, ainda no âmbito das tratativas antes da apresentação da reclamação, disse ao clube que a cláusula do contrato que restringia e penalizava a gravidez consistia em discriminação de gênero, violadora dos mais básicos direitos humanos previstos na Convenção Europeia de Direitos Humanos (ECHR).

Com intuito conciliatório, a jogadora, na ocasião da tratativa anterior à submissão do caso à CEV, informou ao clube que aceitaria metade do valor a que teria direito como consequência da rescisão antecipada pela gravidez, mas não houve êxito no esforço conciliatório, dizendo:

> 17. The Respondent replied on 24 April 2021 and once again rejected the Claimant's settlement offer and concluded its reply with: *"Of course all women's deserve to be pregnant, but during sport season after the pregnancy they cannot ask the rest of the contract ... just whatever they work before!"*(20)

---

(19) Tradução Livre: 14. Não obstante o acima exposto, na sua resposta a Recorrida referiu-se ao art. 6.1. do Contrato, que diz o seguinte: *"A Jogadora declara solenemente que não está grávida no presente momento de execução deste Contrato e assume a obrigação de não engravidar durante toda a temporada; além do parágrafo VI art. 1, se a jogadora engravidar antes de chegar à Grécia para a preparação, então a jogadora é obrigada a devolver ao clube qualquer custo como, custos de instalação, taxa de transferência CEV, taxa da Federação Helênica, taxa de impostos, taxa de cartão de residência. Se a jogadora engravidar durante a temporada, ela é obrigada a devolver todos os salários que recebeu. A jogadora declara solenemente que não tem nenhum problema crônico de saúde, que possa influenciar/afetar/dificultar/obstruir de alguma forma seu desempenho durante o Contrato. No caso das declarações e compromissos acima se tornarem imprecisos ou falsos de qualquer forma, a Jogadora será considerada inadimplente e o presente Contrato poderá ser rescindido*". (grifo nosso).

(20) Tradução Livre: 17. A Recorrida respondeu em 24 de abril de 2021 e mais uma vez rejeitou a proposta de acordo da Reclamante e concluiu a sua resposta com: "Claro que todas as mulheres desejam estar grávidas, mas durante a época desportiva após a gravidez não podem pedir o resto do contrato (...) apenas o que elas trabalham antes!

Ao analisar o mérito do caso, após reconhecer a sua competência para apreciar o feito, a CEV fixou a premissa de que a doutrina do *pact sunt servanda*, por sua compatibilidade com a justiça e a equidade, determina que as partes devem respeitar as suas obrigações contratualmente assumidas, entretanto, para o caso da cláusula de proibição da gravidez inserida no contrato entre a atleta sérvia e o clube grego, não há como se sustentar a sua validade, pelo caráter discriminatório baseado no sexo da jogadora, em violação aos direitos humanos fundamentais:

> *i)* It is true that the principle *pacta sunt servanda* is based on the parties' freedom to negotiate and conclude agreements and is generally recognised in several jurisdictions and in international (sports) law. Therefore, as per its constant jurisprudence, the CEV, deciding *ex aequo et bono*, needs to take said principle into consideration. However, the CEV is mindful that the principle *pacta sunt servanda* is not unfettered, as it finds limits when it comes to discrimination, Human Rights or bad faith, as they are all fundamental public and social values that are encapsulated in public policy, by which the CEV, when deciding *ex aequo et bono*, shall abide.
>
> Notably, the principle of "balances of duties and obligations" is part of the principle *pacta sunt servanda* and its limits. If an agreement or a specific clause is fully one sided, namely one party bears only duties and obligations while the other party holds only rights, one could hold under *ex aequo et bono* that such an agreement is "not just and fair".(21)

Para embasar juridicamente a sua conclusão de que a proibição contratual da gravidez é nula e sem efeito, ante a ausência de dispositivo específico dos regulamentos da FIVB, a CEV invocou a DUDH:

> *iv)* Considering that Article 16 of the Universal declaration of Human Rights provides the following: "*Men and women of full age, without any limitation due to race, nationality or religion, have the right to marry and to found a family*" and that the Fundamental Principles enshrined in the FIVB Code of Ethics (which shall also be applied within the CEV) include "*respect for human dignity; rejection of discrimination of any kind on whatever grounds, be it race, colour, sex, sexual orientation, language, religion, political or other opinion, national or social origin, property, birth or other status*", the

(21) Tradução Livre: i) É verdade que o princípio do *pacta sunt servanda* se baseia na liberdade das partes de negociar e celebrar acordos e é geralmente reconhecido em várias jurisdições e no direito internacional (desportivo). Portanto, conforme sua reiterada jurisprudência, a CEV, decidindo *ex aequo et bono*, precisa levar em consideração o referido princípio. No entanto, a CEV está ciente de que o princípio do *pacta sunt servanda* não é irrestrito, pois encontra limites quando se trata de discriminação, direitos humanos ou má-fé, pois são todos valores públicos e sociais fundamentais que estão encapsulados em políticas públicas, pelos quais a CEV, ao decidir *ex aequo et bono*, deve cumprir.
Notadamente, o princípio do "balanço de deveres e obrigações" faz parte do princípio do *pacta sunt servanda* e seus limites. Se um acordo ou uma cláusula específica é totalmente unilateral, ou seja, uma parte tem apenas deveres e obrigações, enquanto a outra parte detém apenas direitos, pode-se sustentar sob o argumento do *ex aequo et bono* que tal acordo não é justo.

> CEV notes that a provision that prohibits women from getting pregnant during the execution of a sports agreement is highly discriminatory, as it can be applied only to women players and creates a major imbalance in the contractual relationship between volleyball clubs and players. Moreover, applying said provision could result in a violation of international public policy, a line that a body deciding *ex aequo et bono* cannot cross.
>
> *v)* In light of the above, the CEV finds that Article VI. 1. of the Agreement violates the general principles of justice and fairness and, in particular, the "balances of duties and obligations"; consequently, said clause could not be relied upon by the Club to avoid abiding by the payment obligations provided under the Agreement.[22]

Nos debates do caso foram invocados dispositivos da ECHR, sob o argumento de que a decisão da CEV poderia ser objeto de apelação à FIVB e, na sequência, à Corte Arbitral do Esporte (CAS), que está obrigada a respeitar os princípios consagrados na ECHR. Se o CAS, na condição de última instância da disputa em análise, estaria vinculado às regras da ECHR, a CEV igualmente lhe deveria obediência.

Os dois dispositivos da ECHR invocados pela decisão da CEV para declarar nula e sem efeito a cláusula de proibição da gravidez foram o art. 8, relativo ao respeito à família, e o art. 14, relativo à proibição da discriminação:

> 28. According to Art. 8 of the ECHR everyone has the right to respect for his private and family life, his home and his correspondence. Furthermore, pursuant to Art. 14 of the ECHR the enjoyment of the rights and freedoms set forth in the ECHR and the Human Rights Act shall be secured without discrimination on any ground such as sex, race, colour, language, religion, political or other opinion, national or social origin, association with a national minority, property birth or other status.
>
> 29. Art. 14 of the ECHR complements the other substantive provisions of the ECHR and its Protocols. It has no independent existence since it has effect solely in relation to "the enjoyment of the rights and freedoms" safeguarded by those

---

(22) Tradução Livre: iv) Considerando que o art. 16 da Declaração Universal dos Direitos Humanos dispõe o seguinte: "*Homens e mulheres maiores de idade, sem qualquer limitação por raça, nacionalidade ou religião, têm o direito de casar e constituir família*" e que os Princípios Fundamentais consagrados no Código de Ética da FIVB (que também será aplicado no âmbito da CEV) incluem "*o respeito à dignidade humana; rejeição de qualquer tipo de discriminação por qualquer motivo, seja raça, cor, sexo, orientação sexual, língua, religião, opinião política ou outra, origem nacional ou social, propriedade, nascimento ou outra condição*", a CEV nota que um dispositivo que proíbe as mulheres de engravidar durante a execução de um acordo esportivo é altamente discriminatório, pois pode ser aplicado apenas a jogadoras e cria um grande desequilíbrio na relação contratual entre clubes de vôlei e Jogadoras. Além disso, a aplicação da referida disposição poderia resultar numa violação da ordem pública internacional, uma linha que um órgão que decide *ex aequo et bono* não pode ultrapassar.

v) Face ao exposto, a CEV considera que o artigo VI. 1. do Acordo viola os princípios gerais de justiça e equidade e, em particular, os "*equilíbrios de deveres e obrigações*"; consequentemente, tal cláusula não poderia ser invocada pelo Clube para evitar o cumprimento das obrigações de pagamento previstas no Contrato.

texts. Although the application of Art. 14 does not presuppose a breach of those provisions, it is autonomous.(23)

A CEV fez questão de reforçar a importância de que as organizações esportivas não permitam as ameaças feitas às atletas com penalidades contratuais e risco de rescisão em razão da gravidez, destacando a conduta da FIFA ao modificar o seu RSTP para incluir disposições especiais sobre o trabalho das jogadoras, notadamente no art. 18quater. A CEV afirmou ser a FIFA um exemplo para todas as federações esportivas sobre como proteger a integridade do esporte pela proteção das mulheres:

> 31. FIFA is setting the example for all sports federation on how to protect the integrity of its sport by providing female players with equal opportunities, without any discrimination based on its sex. Any discrimination in a player's rights that is based on the player's sex can be found as an infringement of the ECHR. Moreover, in the case at hand, where the Claimant is rejected of receiving further salaries for the 2019/2020 due to her pregnancy, the Respondent's position is in clear violation of Art. 8 in conjunction with Art. 14 of the ECHR. As CAS is bound by the ECHR, it shall be no doubt, that CEV also should apply the ECHR provisions within its ruling.
>
> 32. Based on the above, the Claimant asserts that the Art. 6.1. of the Contract is null and void as it discriminates the Claimant and is in further violation of the Claimant's human rights enshrined in the ECHR.(24)

Observa-se que, mesmo sem regras específicas oriundas dos regulamentos esportivos da FIVB, a CEV não hesitou ao recorrer aos documentos internacionais

(23) Tradução Livre: 28. De acordo com o art. 8 da ECHR, todas as pessoas têm direito ao respeito pela sua vida privada e familiar, pelo seu domicílio e pela sua correspondência. Além disso, nos termos do art. 14 da ECHR, o gozo dos direitos e liberdades previstos na ECHR e na Lei dos Direitos Humanos deve ser assegurado sem discriminação por qualquer motivo como o sexo, a raça, a cor, a língua, a religião, as opiniões políticas ou outras, a origem nacional ou social, a associação a uma minoria nacional, a propriedade, o nascimento ou outra condição.

29. O art. 14 da ECHR complementa as outras disposições substantivas da ECHR e dos seus protocolos. Não há existência independente, uma vez que tem efeito somente em relação ao "gozo dos direitos e liberdades" salvaguardados por esses textos. Embora a aplicação do art. 14 não pressuponha a violação dessas disposições, ela é autônoma.

(24) Tradução Livre: 31. A FIFA está dando exemplo para todas as federações esportivas sobre como proteger a integridade do seu esporte oferecendo às jogadoras mulheres oportunidades iguais, sem qualquer discriminação baseada no sexo. Qualquer discriminação nos direitos dos jogadores que seja baseada no sexo pode ser entendida como infração ao ECHR. Além disso, no caso em questão, no qual a reclamante é impedida de receber os salários da temporada 2019/2020 devido à gravidez, a posição do reclamado está em clara violação ao art. 8 em conjunto com o art. 14 do ECHR. Como o CAS está vinculado ao ECHR, não deve haver dúvida que o CEV também deve aplicar as previsões do ECHR nas suas decisões.

32. Baseado no acima exposto, a reclamante confirma que o art. 6.1 do contrato é nulo e sem efeito já que a discrimina e viola os direitos humanos consagrados no ECHR.

relativos aos direitos humanos fundamentais, como a DUDH e a ECHR, para encontrar fundamentos capazes de rechaçar, de maneira contundente, a cláusula de proibição à gravidez incluída no contrato celebrado entre a jogadora sérvia e o clube grego. Os atletas não podem ser alijados da proteção oferecida pelos direitos humanos fundamentais:

> Fato é, no entanto, que o crescente diálogo entre as ordens estatais e a ordem esportiva internacional conduz a uma progressiva consideração pelas autoridades esportivas, das regras estatais imperativas, e especialmente das chamadas *leis de aplicação imediata* (§ 2).
>
> Com efeito, o esportista, como qualquer justiciável, pode, em princípio, recorrer à proteção acordada pelas normas internacionais relativas à matéria: em outros termos, e conforme se afirmou, o esportista pode utilizar os direitos humanos (Nicolau, 2018, p. 365).

A busca pela efetividade dos direitos humanos fundamentais em âmbito esportivo não pode ficar dependente da consciência dos julgadores que integram os órgãos de resolução de disputas das organizações esportivas nacionais e internacionais, sobre a necessidade de invocar cartas internacionais, como a DUDH e a ECHR, para justificar as suas decisões que buscam, em última instância, a promoção da dignidade da pessoa humana.

Para evitar os riscos de que o julgador menos diligente ignore os direitos humanos fundamentais ao exercer a sua função de dirimir os litígios surgidos dentro das organizações esportivas, é imprescindível que as demais entidades sigam o exemplo da FIFA e incluam disposições específicas em seus regulamentos, inclusive sobre o direito social de proteção à maternidade.

Conclusão

Das palavras do Barão de Coubertin, que rechaçava a participação das atletas no movimento olímpico internacional retomado no final do século XIX, ao Decreto-lei n. 3.199/1941, que regulou o esporte no Brasil por 40 (quarenta) anos, aproximadamente, e proibia a prática esportiva de determinadas modalidades, inclusive o futebol, às atletas, as barreiras que lhes são impostas para exercício pleno do direito fundamental ao esporte ainda exigem muito esforço para serem superadas.

Permitir que as atletas tenham a possibilidade de serem inseridas no esporte de maneira plena e efetiva exige o debate sobre os principais desafios enfrentados e as possíveis soluções.

Entre tantos temas relevantes, a maternidade merece atenção por se tratar de algo inerente às mulheres, necessário para a própria existência da sociedade, mas que ainda é tratada com restrições no ambiente do esporte. É preciso entender a maternidade sob a perspectiva jurídica e, portanto, o tratamento que há de lhe ser dispensado nos casos concretos.

O advento da Lei Geral do Esporte, com menção expressa à maternidade, permite que se faça um estudo a partir do texto constitucional, passando pelas normas gerais até os dispositivos específicos concebidos para o ambiente esportivo.

Nesse sentido, inicialmente foram analisados os aspectos constitucionais da proteção à maternidade, a partir da influência de cartas e tratados internacionais, especialmente no âmbito da ONU e da OIT, que já tratavam do assunto antes mesmo da Constituição Federal de 1988.

O entendimento da abordagem internacional permite compreender o posicionamento da proteção à maternidade na Constituição Federal de 1988, enquanto direito social, inclusive na vertente trabalhista, integrante do catálogo dos direitos humanos fundamentais, os quais se prestam a promover a dignidade da pessoa humana. A proteção à maternidade constitui elemento da dignidade da pessoa humana e, justamente por ostentar essa condição, a sua observância é impostergável por todos os Poderes da República e em todas as relações privadas, incluindo as relações existentes no âmbito esportivo.

Não bastasse a proteção à maternidade estar definida constitucionalmente como direito social e isso ser suficiente para influenciar a conduta das pessoas físicas e jurídicas, de direito público ou privado, em todas as suas relações, a Constituição Federal ainda trata do desporto e da atividade econômica, exigindo que a livre iniciativa encontre limites na valorização social do trabalho. Em todas as suas vertentes, desde o lazer até a atividade econômica, as relações mantidas no esporte devem respeitar todo o conteúdo do direito social da proteção à maternidade.

Com o objetivo de promover, de maneira plena e efetiva, a proteção à maternidade, o legislador infraconstitucional se ocupou de incluir no ordenamento jurídico brasileiro regras trabalhistas e previdenciárias sobre a proteção à maternidade, destacando-se a CLT e a Lei n. 8.213/1991, as quais são sistematicamente ajustadas como resultado das exigências sociais de ampliação da proteção das mulheres para o pleno exercício da cidadania.

As leis gerais infraconstitucionais sobre a proteção à maternidade não têm delimitação no que diz respeito aos seus destinatários, o que inclui as relações existentes no contexto do esporte e, naturalmente, as atletas. Entretanto, as especificidades do ambiente esportivo podem sugerir alguma incompatibilidade com as leis gerais da CLT, concebidas para todo e qualquer trabalhador.

Com importantes debates sociais sobre os direitos das mulheres, o legislador entendeu que seria oportuno tratar da proteção à maternidade das atletas na lei especial e, ao ensejo de projetos legislativos correlatos, enfrentou expressamente o assunto na Lei Geral do Esporte.

É elogiável que um tema de tamanha importância tenha sido incluído na Lei Geral do Esporte, mas não se pode negar que o resultado poderia ter sido mais satisfatório. Se a ideia era que a lei especial superasse quaisquer incompatibilidades, aparentes ou reais, entre as regras gerais e o ambiente esportivo, então o legislador haveria de ter sido mais específico e detalhista ao tratar da proteção à maternidade das atletas.

Se, por um lado, a Lei Geral do Esporte ratificou, expressamente, a necessária observância dos direitos sociais no âmbito do esporte, os quais estão relacionados na Constituição Federal de 1988 e são tratados pela legislação infraconstitucional, por outro lado, não aproveitou a oportunidade de regulamentar de forma mais objetiva situações que são particulares do movimento esportivo.

Aliás, não seria necessário que a Lei Geral do Esporte reconhecesse, expressamente, a necessária observância dos direitos sociais às relações de trabalho no esporte, o que impõe o respeito ao texto constitucional e às normas gerais correlatas. No entanto, é sempre oportuno que isso seja feito para que o intérprete e o aplicador do Direito estejam diuturnamente atentos ao sistema jurídico vigente, que há de ser compreendido de maneira unificada e coerente, sendo o método do diálogo das fontes um mecanismo apropriado para essa tarefa.

Para melhor compreender as especificidades do esporte no contexto da maternidade, as quais não foram enfrentadas pela Lei Geral do Esporte, a parte derradeira da dissertação se dedicou a analisar a abordagem da FIFA e da FIVB sobre a proteção à maternidade das atletas, cada uma com a sua peculiaridade. Enquanto a FIFA modificou os seus regulamentos para neles incluir disposições específicas ao trabalho da mulher, majoritariamente dedicadas à maternidade, a FIVB ainda não se ativou nesse sentido, embora tenha enfrentado o tema a partir de regras internacionais, em respeito aos direitos humanos fundamentais e à dignidade da pessoa humana.

É verdade que a Lei Geral do Esporte poderia ter sido mais específica ao enfrentar o tema da proteção à maternidade, mas a compreensão sistêmica do ordenamento jurídico brasileiro a partir do diálogo das fontes permite encontrar dispositivos suficientes, constitucionais e infraconstitucionais, para oferecer soluções aos casos das atletas no contexto da maternidade, para que esse direito social, integrante do catálogo dos direitos humanos fundamentais e, portanto, elemento da dignidade da pessoa humana, seja promovido de maneira plena e efetiva.

Referências

ALMEIDA, Renato Rua de (Coord.). Diálogo das Fontes e Eficácia dos Direitos Fundamentais: Síntese Para uma Nova Hermenêutica das Relações de Trabalho. São Paulo, *Revista LTr – Legislação do Trabalho*, 2015.

ARAÚJO, Luiz Alberto David; NUNES JÚNIOR, Vidal Serrano. *Curso de Direito Constitucional.* 23. ed. rev. e atual. Santana de Parnaíba: Manole, 2021.

______. Curso de Direito Constitucional. 3. ed. São Paulo: Saraiva, 1999. *Apud* PENTEADO, José Tadeu Rodrigues. *Direito Desportivo Constitucional.* Belo Horizonte: Dialética, 2021. p. 40.

BALERA, Wagner. A Dignidade da Pessoa Humana e o Mínimo Existencial. In: MIRANDA, Jorge; SILVA, Marco Antônio Marques da (Coords.). *Tratado Luso--Brasileiro da Dignidade Humana.* São Paulo: Quartier Latin, 2009.

______; SAYEG, Ricardo Hasson. *Fator CapH Capitalismo Humanista e Dimensão Econômica dos Direitos Humanos.* São Paulo: Max Limonad, 2019.

BARROSO, Luís Roberto. *A Dignidade da Pessoa Humana no Direito Constitucional Contemporâneo:* A Construção de um Conceito Jurídico à Luz da Jurisprudência Mundial. 7. reimp. Tradução de Humberto Laport de Mello. Belo Horizonte: Fórum, 2012.

BASTOS, Guilherme Augusto Caputo. A Eficácia Horizontal dos Direitos Fundamentais, a Liberdade do Trabalhador e o Cabimento do Habeas Corpus. In: BASTOS, Guilherme Augusto Caputo; BELMONTE, Alexandre Agra; MELLO, Philippe Vieira de (Orgs. e Coords.). *Direito do Trabalho Desportivo:* Aspectos Jurídicos da Lei Pelé Frente às Alterações da Lei n. 12.395/2011. São Paulo: LTr, 2013.

BBC. *FIFA Corruption Crisis:* Key questions answered. Disponível em: <https://www.bbc.com/news/world-europe-32897066>. Acesso em: 18 jul. 2023.

BELLINI, Higor Marcelo Maffei. *Os Reflexos da Gravidez no Contrato de Direito de Imagem das Jogadoras de Futebol Amador*. Dissertação de Mestrado. Pontifícia Universidade Católica de São Paulo. São Paulo, 2021.

BELTRAMELLI NETO, Silvio. *Curso de Direitos Humanos*. 6. ed. São Paulo: Atlas, 2021.

BENJAMIN, Antônio Herman V.; BESSA, Leonardo Roscoe; MARQUES, Cláudia Lima. *Manual de Direito do Consumidor*. 5. ed., rev., atual. e ampl. São Paulo: Revista dos Tribunais, 2013.

BEZERRA LEITE, Carlos Henrique. *Curso de Direito do Trabalho*. 15. ed. São Paulo: SaraivaJur, 2023.

BINENBOJM, Gustavo. *Liberdade Igual:* o que é e por que importa. Rio de Janeiro: História Real, 2020.

BINI, Fernanda Bazanelli. O Espaço da Mulher no Desporto. In: GIORDANI, Francisco Alberto da Motta Peixoto; GIORDANI, Manoel Francisco de Barros da Motta Peixoto Giordani (Coords.). *Direito Desportivo Aspectos Penais e Trabalhistas Atuais*. São Paulo: LTr, 2017.

BOMFIM, Vólia. *Direito do Trabalho*. 19. ed. Rio de Janeiro: Forense; Método, 2022.

BRASIL. *Constituição da República Federativa do Brasil 1988*. Disponível em: <http://www.planalto.gov.br/ccivil_03/constituicao/constituicao.htm>. Acesso em: 15 jul. 2023.

______. Câmara Federal. *Decreto Legislativo n. 26, de 1994*. Disponível em: <https://www2.camara.leg.br/legin/fed/decleg/1994/decretolegislativo-26-22-junho-1994-367297-publicacaooriginal-1-pl.html>. Acesso em: 5 jul. 2023.

______. *Decreto-lei n. 3.199, de 14 de abril de 1941*. Disponível em: <https://www.planalto.gov.br/ccivil_03/decreto-lei/1937-1946/del3199.htm>. Acesso em: 3 jul. 2023.

______. *Decreto-lei n. 5.452, de 1º de maio de 1943*. Consolidação das Leis do Trabalho. Disponível em: <https://www.planalto.gov.br/ccivil_03/decreto-lei/del5452.htm>. Acesso em: 7 jul. 2023.

______. Confederação Brasileira de Futebol. *Estatuto Social*. Disponível em: <https://conteudo.cbf.com.br/cdn/202206/20220617160856_326.pdf>. Acesso em: 18 jul. 2023.

______. *Estratégia Nacional para o Futebol Feminino.* Disponível em: <http://www.planalto.gov.br/ccivil_03/_ato2023-2026/2023/decreto/D11458.htm>. Acesso em: Acesso em: 18 jul. 2023.

______. *Lei Geral do Esporte.* Brasília/DF. Disponível em: <http://www.planalto.gov.br/ccivil_03/_ato2023-2026/2023/lei/L14597.htm>. Acesso em: 7 jul. 2023.

______. *Lei n. 3.071, de 1º de janeiro de 1916.* Código Civil dos Estados Unidos do Brasil. Disponível em: <https://www.planalto.gov.br/ccivil_03/leis/l3071.htm>. Acesso em: 25 jul. 2023.

______. *Lei n. 9.029, de 13 de abril de 1995.* Disponível em: <https://www.planalto.gov.br/ccivil_03/leis/l9029.htm#:~:text=LEI%20N.%209.029%2C%20DE%2013,trabalho%2C%20e%20dá%20outras%20providências>. Acesso em: 18 jul. 2023.

______. *Lei n. 11.770, de 9 de setembro de 2009.* Disponível em: <http://www.planalto.gov.br/ccivil_03/_ato2007-2010/2008/lei/l11770.htm>. Acesso em: 5 jul. 2023.

______. Tribunal Superior do Trabalho. *Súmula n. 244.* Disponível em: <https://www3.tst.jus.br/jurisprudencia/Sumulas_com_indice/Sumulas_Ind_201_250.html>. Acesso em: 12 jul. 2023.

CARVALHO, Augusto César Leite de. *Princípios de Direito do Trabalho sob a Perspectiva de Direitos Humanos.* São Paulo: LTr, 2018.

CATEB, Alexandre Bueno. *Desporto Profissional e Direito de Empresa:* De Acordo com o Código Civil de 2002. São Paulo: Juarez de Oliveira, 2004.

CHAMUSCA, Fernanda; JORDÃO, Milton; POSSÍDIO, Cristiano. International Standards for Female Football Players: A brief overview in light of the Brazilian legal system. *Football Legal — The International Journal Dedicated to Football Law,* #15, June, 2021.

CONFÉDÉRATION EUROPÉENNE VOLLEYBALL. *FIVB Financial Dispute Procedure – CC279/2021*, 2 December 2021.

DELGADO, Mauricio Godinho. *Curso de Direito do Trabalho:* obra revista e atualizada conforme a lei da reforma trabalhista e inovações normativas e jurisprudenciais posteriores. 18. ed. São Paulo: LTr, 2019.

DUQUE, Marcel Schenk. O Transporte da Teoria do Diálogo das Fontes para a Teoria da Constituição. In: MARQUES, Cláudia Lima (Coord.). *Diálogo das Fontes:* do conflito à coordenação de normas do direito brasileiro. São Paulo: Revista dos Tribunais, 2012.

FÉDÉRATION INTERNATIONALE DE FOOTBALL ASSOCIATION. *FIFA Circular n. 1473*. Disponível em: <https://digitalhub.fifa.com/m/10abb49ec09c6744/original/pchzzmjnv5po1vaw8mar-pdf.pdf>. Acesso em: 18 jul. 2023.

______. *FIFA Commentary on the Regulations on the Status and Transfer of Players.* Disponível em: <https://digitalhub.fifa.com/m/346c4da8d810fbea/original/Commentary-on-the-FIFA-Regulations-on-the-Status-and-Transfer-of-Players-Edition-2021.pdf>. Acesso em: 18 jul. 2023.

______. *FIFA Dispute Resolution Chamber* — FPSD-3626, 19 May 2022. Disponível em: <https://digitalhub.fifa.com/m/7fa81ae621a4ebd0/original/Gunnarsdottir_19052022.pdf>. Acesso em: 25 jul. 2023.

______. *FIFA President Infantino unveils "FIFA 2.0":* The Vision for the Future. Disponível em: <https://www.fifa.com/about-fifa/president/media-releases/fifa-president-infantino-unveils-fifa- 2-0-the-vision-for-the-future-2843428>. Acesso em: 18 jul. 2023.

______. *FIFA Regulations on the Status and Transfer of Players.* Disponível em: <https://digitalhub.fifa.com/m/d31f8046f6c6311/original/Regulations-on-the-Status-and-Transfer-of- Players-May-2023-edition.pdf>. Acesso em: 18 jul. 2023.

______. *FIFA Statutes*. Disponível em: <https://digitalhub.fifa.com/m/3815fa68bd-9f4ad8/original/FIFA_Statutes_2022-EN.pdf>. Acesso em: 18 jul. 2023.

______. *Women's Football Strategy*. Disponível em: <https://digitalhub.fifa.com/m/baafcb84f1b54a8/original/z7w21ghir8jb9tguvbcq-pdf.pdf>. Acesso em: 18 jul. 2023.

FÉDÉRATION INTERNATIONALE DE VOLLEYBALL. *FIVB Constitution.* Disponível em: <https://www.fivb.com/thefivb/legal>. Acesso em: 18 jul. 2023.

______. *FIVB Code of Ethics.* Disponível em: <https://www.fivb.com/thefivb/legal>. Acesso em: 18 jul. 2023.

______. *FIVB Disciplinary Regulations.* Disponível em: <https://www.fivb.com/thefivb/legal>. Acesso em: 18 jul. 2023.

______. *FIVB Medical & Anti-Doping Regulations*. Disponível em: <https://www.fivb.com/thefivb/legal>. Acesso em: 18 jul. 2023.

______. *FIVB Sports Regulations*. Disponível em: <https://www.fivb.com/thefivb/legal>. Acesso em: 18 jul. 2023.

FERRAZ JÚNIOR, Tércio Sampaio. Valorização do trabalho humano — CF, art. 170. In: NUSDEO, Fábio (Coord.). *A Ordem Econômica Constitucional.* São Paulo: Thomson Reuters Brasil, 2019.

FERREIRA FILHO, Manuel Gonçalves. *Direitos Humanos Fundamentais.* 15. ed. São Paulo: Saraiva, 2016.

FEUZ, Paulo Sérgio. *Esporte Educacional, Ferramenta para o Progresso.* São Paulo: KDP Amazon, 2019.

______. O Esporte como um dos Elementos da Dignidade da Pessoa Humana no Estado Democrático de Direito. In: VARGAS, Ângelo (Org.). *Direito Desportivo:* diversidade e complexidade. Belo Horizonte: Casa da Educação Física, 2018.

______; SOUZA, Filipe Orsolini Pinto de. Esporte e Dignidade da Pessoa Humana. In: *DIGE — Direito Internacional e Globalização Econômica.* Disponível em: http://revistas.pucsp.br/index.php/DIGE-ISSN: 2526-6284, v. 10, n. 10, p. 149-166, 2023.

GAMA, Marina Faraco Lacerda; TAVARES, André Ramos. *O STF e a Constituição Econômica:* casos e funções. Curitiba: InterSaberes, 2022.

GARCIA, Gustavo Filipe Barbosa. *Curso de Direito do Trabalho.* 18. ed. São Paulo: SaraivaJur, 2023.

GIORDANI, Francisco Alberto da Motta Peixoto. A Especificidade do Desporto no Direito do Trabalho — Algumas Considerações. In: OLIVEIRA, Leonardo Andreotti Paulo de (Coord.). *Direito do Trabalho e Desporto.* São Paulo: Quartier Latin, 2014.

GOTTI, Alessandra. *Direitos Sociais:* fundamentos, regime jurídico, implementação e aferição de resultados. São Paulo: Saraiva, 2012.

INTERNATIONAL LABOUR ORGANIZATION. *ILO C156 — Workers with Family Responsibilities Convention.* Disponível em: <https://www.ilo.org/dyn/normlex/en/f?p=NORMLEXPUB:12100:0::NO::P12100_ILO_CODE:C156>. Acesso em: 7 jul. 2023.

______. *ILO C183 — Maternity Protection Convention.* Disponível em: <https://www.ilo.org/dyn/normlex/en/f?p=NORMLEXPUB:12100:0::NO::P12100_ILO_CODE:C183>. Acesso em: 7 jul. 2023.

INTERNATIONAL OLYMPIC COMMITTEE. *Olympic Charter.* Disponível em: <https://stillmed.olympics.com/media/Document%20Library/OlympicOrg/General/EN-Olympic-Charter.pdf#_ga=2.88042267.2008260301.1690044416-1114403091.1690044416>. Acesso em: 18 jul. 2023.

LASSALLE, Ferdinand. *O que é uma constituição?* Tradução de Grabriela Edel Mei. São Paulo: Pilares, 2015.

LOCKMANN, Ana Paula Pellegrina. Discriminação Contra as Mulheres no Esporte – Breves Considerações. In: GIORDANI, Francisco Alberto da Motta Peixoto; SANTOS, Lorival Ferreira dos; TOLEDO FILHO, Manoel Carlos (Coords.). *O Direito do Trabalho e o Processo do Trabalho no Século XXI:* livro comemorativo dos 30 anos do TRT da 15ª Região. São Paulo: LTr, 2016.

LYRA FILHO, João. *Introdução ao Direito Desportivo.* Rio de Janeiro: Irmãos Pongetti, 1952.

MALHEIRO, Emerson. *Curso de Direitos Humanos.* 3. ed., rev., atual. e ampl. São Paulo: Atlas, 2016.

MARQUES, Cláudia Lima. O "diálogo das fontes" como método da nova teoria geral do direito. In: MARQUES, Cláudia Lima (Coord.). *Diálogo das Fontes:* do conflito à coordenação de normas do direito brasileiro. São Paulo: Revista dos Tribunais, 2012.

MELLO, Celso Antônio Bandeira de. *Eficácia das Normas Constitucionais e Direitos Sociais.* 1. ed., 3. tir. São Paulo: Malheiros, 2011.

______. *O Conteúdo Jurídico do Princípio da Igualdade.* 3. ed., atual. 10. tir. São Paulo: Malheiros, 2002.

MELO FILHO, Álvaro; SANTORO, Luiz Felipe. *Direito do Futebol* — Marcos Jurídicos e Linhas Mestras. São Paulo: Quartier Latin, 2019.

______. *Nova Lei Pelé:* avanços e impactos. Rio de Janeiro: Maquinária, 2011.

MELO, Andrei Schmidt Kampff de. *Direitos Humanos e Esporte:* como o "caso George Floyd" ajudou a transformar regras do jogo. São Paulo: Edições 70, 2023.

MIRANDA, Jorge. A Dignidade da Pessoa Humana e a Unidade Valorativa do Sistema de Direitos Fundamentais. In: MIRANDA, Jorge; SILVA, Marco Antônio Marques da (Coords.). *Tratado Luso-Brasileiro da Dignidade Humana.* São Paulo: Quartier Latin, 2009.

NASCIMENTO, Amauri Mascaro. *Curso de Direito do Trabalho* — História e Teoria Geral do Direito do Trabalho: relações individuais e coletivas do trabalho. 29. ed. São Paulo: Saraiva, 2014.

NICOLAU, Jean Eduardo. *Direito Internacional Privado do Esporte.* São Paulo: Quartier Latin, 2018.

NUNES, Rizzato. *O Princípio Constitucional da Dignidade da Pessoa Humana:* doutrina e jurisprudência. 4. ed. São Paulo: Saraiva Educação, 2018.

ONU. *Mensagem do Secretário-Geral para 2021*. Disponível em: <https://www.un.org/en/observances/sport-day/message>. Acesso em: 29 jun. 2022.

OIT — Organização Internacional do Trabalho. *Acordo Global de Trabalho*. Disponível em: <https://www.ilo.org/brasilia/noticias/WCMS_856930/lang--pt/index.htm>. Acesso em: 18 jul. 2023.

______. *Conheça a OIT*. Disponível em: <https://www.ilo.org/brasilia/conheca-a-oit/lang--pt/index.htm>. Acesso em: 18 jul. 2023.

______. *Constituição da OIT*. Disponível em: <https://www.ilo.org/wcmsp5/groups/public/---americas/---ro-lima/---ilo-brasilia/documents/genericdocument/wcms_336957.pdf>. Acesso em: 7 jul. 2023.

______. *Convenção 003* — Convenção relativa ao Emprego das Mulheres antes e depois do parto (Proteção à Maternidade). Disponível em: <https://www.ilo.org/brasilia/convencoes/WCMS_234869/lang--pt/index.htm>. Acesso em: 7 jul. 2023.

______. *Convenção 004* — Convenção relativa ao Trabalho Noturno das Mulheres. Disponível em: <https://www.ilo.org/brasilia/convencoes/WCMS_234871/lang--pt/index.htm>. Acesso em: 7 jul. 2023.

______. *Convenção 041* — Convenção relativa ao Trabalho Noturno das Mulheres. Disponível em: <https://www.ilo.org/brasilia/convencoes/WCMS_235112/lang--pt/index.htm>. Acesso em: 7 jul. 2023.

______. *Convenção 089* — Convenção relativa ao Trabalho Noturno das Mulheres na Indústria. Disponível em: <https://www.ilo.org/brasilia/convencoes/WCMS_235133/lang--pt/index.htm>. Acesso em: 7 jul. 2023.

______. *Convenção n. 103* — Convenção relativa ao Amparo à Maternidade. Disponível em: <https://www.ilo.org/brasilia/convencoes/WCMS_235193/lang--pt/index.htm>. Acesso em: 7 jul. 2023.

______. *Convenção n. 111* — Convenção relativa à Discriminação em Matéria de Emprego e Ocupação. Disponível em: <https://www.ilo.org/brasilia/convencoes/WCMS_235325/lang--pt/index.htm>. Acesso em: 7 jul. 2023.

______. *Convenção n. 171* — Convenção relativa ao Trabalho Noturno. Disponível em: <https://www.ilo.org/brasilia/convencoes/WCMS_235193/lang--pt/index.htm>. Acesso em: 7 jul. 2023.

PENTEADO, José Tadeu Rodrigues. *Direito Desportivo Constitucional*. Belo Horizonte: Dialética, 2021.

PERRUCI, Felipe Falcone. *Clube-empresa:* modelo brasileiro para a transformação dos clubes de futebol e sociedade empresárias. Belo Horizonte: D'Plácido, 2017.

PIOVESAN, Flávia. A Constituição Brasileira de 1988 e os Tratados Internacionais de Proteção dos Direitos Humanos. In: PIOVESAN, Flávia. *Temas de Direitos Humanos*. 11. ed. São Paulo: Saraiva Educação, 2018.

______. Os Direitos Humanos da Mulher na Ordem Internacional. In: PIOVESAN, Flávia. *Temas de Direitos Humanos*. 11. ed. São Paulo: Saraiva Educação, 2011.

______. Proteção dos Direitos Sociais: Desafios dos Sistemas Global, Regional e Sul-americano. In: PIOVESAN, Flávia. *Temas de Direitos Humanos*. 11. ed. Prefácio de Fábio Konder Comparato. São Paulo: Saraiva Educação, 2018.

RAMOS, André de Carvalho. *Curso de Direitos Humanos*. 9. ed. São Paulo: SaraivaJur, 2022.

ROMITA, Arion Sayão. *Direitos Fundamentais nas Relações de Trabalho*. 3. ed., rev. e aum. São Paulo: LTr, 2009.

ROTHENBURG, Walter Claudius. *Direitos Sociais São Direitos Fundamentais:* Simples Assim. Salvador: JusPodivm, 2021.

SARLET, Ingo Wolfgang. *Dignidade (da Pessoa) Humana e Direitos Fundamentais na Constituição Federal de 1988*. 10. ed., rev., atual. e ampl. 3. tir. Porto Alegre: Livraria do Advogado, 2019.

SARMENTO, Daniel. *Dignidade da Pessoa Humana:* conteúdo, trajetórias e metodologia. 2. ed., 3. reimp. Belo Horizonte: Fórum, 2019.

SILVA, José Afonso da. *Curso de Direito Constitucional Positivo*. 39. ed., rev. e atual., até a Emenda Constitucional n. 90, de 15.09.2015. São Paulo: Malheiros, 2016.

SILVA, Marco Antônio Marques da. Cidadania e Democracia: instrumentos para a efetivação da dignidade da pessoa humana. In: MIRANDA, Jorge; SILVA, Marco Antônio Marques da (Coords.). *Tratado Luso-Brasileiro da Dignidade Humana*. São Paulo: Quartier Latin, 2009.

SILVÉRIO, Vinícius Gabriel. *A Proteção do Trabalho da Mulher como Direito Fundamental:* igualdade de gênero, reconhecimento e emancipação. Curitiba: CRV, 2019.

SOUSA, Fabrício Trindade de. *Negociação Coletiva no Desporto Profissional*. Leme: Mizuno, 2023.

UNESCO. *Carta Internacional da Educação Física, da Atividade Física e do Esporte*. Disponível em: <https://unesdoc.unesco.org/ark:/48223/pf0000235409_por>. Acesso em: 29 jun. 2022.

UNICEF. *Declaração Universal dos Direitos Humanos (DUDH)*. Disponível em: <https://www.unicef.org/brazil/declaracao-universal-dos-direitos-humanos>. Acesso em: 3 jul. 2023.

UNIVERSIDADE DO FUTEBOL. *Esporte e Mulher em Perspectiva.* Disponível em: <https://universidadedofutebol.com.br/2012/03/08/esporte-e-mulher-em-perspectiva/>. Acesso em: 12 jul. 2023.

O que nos une é também
o amor pelo livro.

Confira todos os nossos lançamentos em:

LACIER

www.livrarialacier.com.br